Scrittori del Novecento

Dello stesso autore
nella collezione Oscar

L'arte dell'ozio
Il coraggio di ogni giorno
Dall'India
Dall'Italia
Demian
Gertrud
Il gioco della vita (2 voll. in cofanetto)
Il giuoco delle perle di vetro
I grandi romanzi di Hermann Hesse
L'infanzia dell'incantatore
Knulp - Klein e Wagner - L'ultima estate di Klingsor
Leggende e fiabe
Il lupo della steppa
Narciso e Boccadoro
La natura ci parla
La nevrosi si può vincere
Non uccidere
Peter Camenzind
Racconti
Religione e mito
Romanzi brevi - Leggende e Fiabe
Romanzi e racconti
Romanzo della mia vita
Rosshalde
Sotto la ruota
Le stagioni della vita
Sull'amore
Trilogia dell'amore e della vita (3 voll. in cofanetto)
L'ultima estate di Klingsor
Il viandante

Hermann Hesse

Poesie

scelte da Roberto Fertonani

Introduzione di Ferruccio Masini

OSCAR MONDADORI

Titolo originale dell'opera: *Gedichte (Auswahl)*

I edizione Oscar Mondadori aprile 1982
I edizione Oscar poesia febbraio 1985

ISBN 88-04-44791-5

Questo volume è stato stampato
presso Mondadori Printing S.p.A.
Stabilimento NSM - Cles (TN)
Stampato in Italia - Printed in Italy

Ristampe:

13 14 15 16 17 18 19 20 21 22

2000 2001 2002 2003 2004

La prima edizione Oscar Scrittori del Novecento
è stata pubblicata in concomitanza
con la ottava ristampa
di questo volume

Traduzioni di Bruno Arzeni, Roberto Fertonani, Jaime Pintor, Ervino Pocar, Sergio Solmi, Mario Specchio, Diego Valeri

Il nostro indirizzo internet è:
http://www.mondadori.com/libri

SOMMARIO

XI *Introduzione*
di Ferruccio Masini

XIX *Cronologia*
a cura di Maria Pia Crisanaz Palin

XXIX *Bibliografia*

POESIE

1895-1898

4 I. *Chopin*
Chopin

6 II. *Grande Valse*
II. Gran valzer

8 III. *Berceuse*
III. *Berceuse*

10 *Ich bin ein Stern*
Sono una stella

12 *Jugendflucht*
Fuga di giovinezza

1899-1902

16 *Nocturne*
Notturno

18 *Spätblau*
Azzurro della sera

20 *In der Nacht*
Di notte

22 *Die Zypressen von San Clemente*
I cipressi di San Clemente

24 *Einsame Nacht*
Notte solitaria

1903-1910

28 *Gondel*
Gondola

30 *Im Nebel*
Nella nebbia

32 *Februarabend*
Sera di febbraio

34 *Nacht*
Notte

36 *Windiger Tag im Juni*
Giorno ventoso di giugno

38 *Der Dichter*
Il poeta

42 *Glück*
Felicità

44 *Unterwegs*
Per via

1911-1918

50 *Auf Wanderung*
In cammino

52 *Der Blütenzweig*
La fiorita rama

54 *Elegie im September*
Elegia di settembre

56 *Ode an Hölderlin*
Ode a Hölderlin

58 *Im Grase liegend*
Coricato sull'erba

60 *Ländlicher Friedhof*
Cimitero campestre

62 *An die Melancholie*
Alla malinconia

64 *Weg nach innen*
La via interiore

66 *Erwachen in der Nacht*
Risveglio di notte

68 *Bruder Tod*
Sorella morte

70 *Angst in der Nacht*
Paura nella notte

1919-1928

74 *Vergänglichkeit*
Transitorietà

76 *Alle Tode*
Tutte le morti

78 *Schmerzen*
Tormenti

80 *Steppenwolf*
Lupo della steppa

1929-1941

84 *Lampions in der Sommernacht*
Lampioncini nella notte estiva

86 *Das Lied von Abels Tod*
La canzone della morte di Abele

90 *Blauer Schmetterling*
Farfalla azzurra

92 *September*
Settembre

94 *Rückgedenken*
Ricordo di un tempo

96 *Besinnung*
Riflessione

100 *Klage*
Lamento

102 *Seifenblasen*
Bolle di sapone

104 *Flötenspiel*
Flauto

106 *Stufen*
Gradini

1944-1962

110 *Leb wohl, Frau Welt*
Addio, mondo

112 *Im Schloss Bremgarten*
Castello di Bremgarten

114 *Traurigkeit*
Tristezza

116 *Herbstgeruch*
Profumo d'autunno

118 *Märzsonne*
Sole di marzo

120 *Gewitter im Juni*
Temporale di giugno

122 *Licht der Frühe*
Luce del mattino

124 *Regen im Herbst*
Pioggia d'autunno

126 *Nachruf*
Necrologio

128 *Wanderer im Spätherbst*
Passeggiata d'autunno avanzato

132 *Uralte Buddha-figur, in einer japanischen Waldschlucht verwitternd*
Antichissima figurina del Buddha trovata in via di decomposizione in una forra boschiva giapponese

134 *Müder Abend*
Sera stanca

136 *Junger Novize im Zen-Kloster* I
Giovane novizio in un convento Zen I

138 *Junger Novize im Zen-Kloster* II
Giovane novizio in un convento Zen II

140 *Kleiner Gesang*
Canzonetta

142 *Knarren eines geknickten Astes*
Scricchiolio di un ramo spezzato

147 *Note ai testi*
a cura di Ferruccio Masini

INTRODUZIONE

Il cavaliere dell'anima

« In principio era il mito » così comincia il *Peter Camenzind.* Ma anche alla fine è il mito. Nella poesia di Hesse, in maniera forse più semplificata e per questo più avvertibile che nell'opera narrativa, questo tragitto dal mito al mito (*coming from myth, returning to myth*) acquista un suo preciso significato. Anche il ritmo triadico dell'umanizzazione, la cui centralità in Hesse è stata acutamente indagata da Ziolkowsky – dall'innocenza all'individuazione, alla "nuova" innocenza – scandisce questo percorso: l'origine o il mito dell'origine è quello di un mondo primordiale da cui si diparte ogni cammino. Non si può non mettersi in viaggio, rompendo l'intatta quiete dell'origine. È questo il destino di Camenzind, ma anche di Demian, di Knulp, di Hans Haller e di Narciss. Questo *pro-gredire* è essenzialmente vivere l'esperienza del dolore e della metamorfosi attraverso la conoscenza. Ma il punto da cui ci si muove non è, come afferma Bollnow, « il sentimento dell'essere perduti nel mondo », poiché proprio questo smarrirsi nei meandri del mondo, nel labirinto delle metamorfosi, rappresenta il tempo vivente dell'esistere. È in questo tempo che i segni mutano di significato: promana da qui la ricchezza stessa dell'esperire. Ma proprio il mutare di significato dei segni rende evidente il percorso mitico. Il mito che si esprime in questo tempo vissuto non è più quello dell'origine e quindi non s'impone come necessità di un ritorno all'origine, bensì è *il mito dello stesso divenire.* La sostanza mitica si nasconde e di volta in volta s'illumina nei segni dell'esperienza, sì che il mito dell'origine finisce per proiettarsi dinanzi a chi percorre le vie dello smarrimento e diventa insieme la verità di una ricerca destinata a non esaurirsi mai in alcun possesso e insieme quella di chi riconquista l'origine non tornando indietro, ma proseguendo « avanti nella colpa, sempre più addentro nel divenire dell'uomo » (*Il lupo della steppa. Dissertazione*).

Si pensi alla lirica *Alla malinconia.* Quello stesso che la sfugge comprende, attraverso le tappe della sua propria esistenza, che questo suo fuggire è, in realtà, un andare verso di essa:

> Ora conforti tu le membra mie spossate,
> hai accolto sul tuo grembo la mia testa
> ora che dai miei viaggi son tornato:
> giacché ogni mio vagare era un venire a te.

Quel che si muta nel riconoscere i segni della malinconia, attraverso la pienezza e le vicissitudini dell'esperienza, non è soltanto il senso della malinconia, ma quello stesso della fuga. Quella malinconia, dei cui « occhi cupi » si aveva « orrore », accoglie nel suo grembo la testa di chi l'ha derisa. Il vagare era una ricerca. Non poteva dunque essere compreso il senso della malinconia se non percorrendo le cento e cento strade del distacco, della negazione e dell'oblio. Proprio questa mutazione del segno nella corrente viva dell'esperire, proprio l'individuazione di un significato umano nel non-umano costituisce la nota peculiare, anche se occulta, della poesia di Hesse. Sta qui la ragione della sua autonomia, nei momenti più alti, dal cerchio della *Stimmungslyrik*, la lirica del "*tono*" *intimo*, della umbratile interiorità tardoromantica. In quest'ultima – notava Paul Böckmann – la poesia dell'*Erlebnis* (esperienza vissuta) e della *Stimmung* può essere intesa « come una risposta alla situazione della coscienza venuta in essere a partire dall'Illuminismo. La soggettivizzazione del linguaggio lirico testimonia il tentativo di ricuperare l'immediatezza vitale, dopo che la conoscenza scientifica della natura ha posto in questione i tradizionali ordini di credenza. Solo nell'immediatezza del vissuto e nel carattere vincolante della *Stimmung* l'uomo sembra poter tornare al luogo originario (*Heimat*) della natura ». Osserva ancora Böckmann che questa soggettività resta, tuttavia, problematica, perché non può in alcun modo garantire che l'immediatezza del sentimento dischiuda un « autentico contenuto di realtà » e non sia quindi una mera esperienza di sogno o un'illusione. Il problema sarebbe così quello di vedere in che modo « pronuncia dell'Io » e « plasticità delle forme naturali » possono non rapportarsi tra loro.

Questo piano della soggettivizzazione come matrice del linguaggio lirico nei poeti dell'Ottocento da Liliencron a Eichendorff, ai quali, tra gli altri, si riferisce Böckmann, è trasceso da Hesse proprio laddove viene a cadere il tema del soggetto come modulo di congruenza, tra interno e esterno, come cerniera linguistica a cui si riconducono, in definitiva, tutte le ambivalenze di un rapporto, divenuto ormai irreversibilmente problematico, tra l'uomo e il mondo. A Hesse non importa più cercare, in termini romantici, il ricupero di una relazione immediata e incorrotta con l'essere della natura, né garantirsi la possibilità di un "ritorno", che non sia una semplice autoillusione, alla *Heimat*. Che cos'è realtà, che cos'è illusione? Come si colloca la letteratura in questo spazio aperto tra realtà e illusione, tra la memoria di quel che da sempre si è e la possibilità di essere ancora qualcosa di più ricco e di più vero di quel che noi oggi siamo? – sembra domandarsi Hesse fin dai tempi in cui andava indagando, nel *Demian*, le oscure inquietudini di una vocazione trasgressiva, eppur « divina », nascosta nel segno di Caino? È in questa guisa che l'erramento diventa rivelazione: l'interno diventa l'esterno e l'esterno l'interno, ma non più alla maniera romantica, in funzione, cioè, di una costruzione metaforica dell'anima come immutabile paesaggio originario. Mentre la ricerca del poeta tardoromantico oscilla tra certezze e illusioni, tra speranza e disperazione, senza riuscire mai a sradicarsi da quel processo di soggettivizzazione del linguaggio a cui presiede la sovranità dell'Io lirico e, con essa, il rilievo stilistico assunto da una nuova interiorità compenetrata con la natura (Eichendorff), negli esiti più maturi della lirica hessiana l'ambivalenza di quel processo di soggettivizzazione si dissolve per far posto a un'impossibilità di connotazione dell'Io, la cui "volontà" non è neppure più quella di una partecipazione trasfigurata all'Uno-Tutto, bensì *vo-*

lontà di deriva. La via al proprio *Selbst* e anche un essere portato alla deriva. Così splendidamente Mario Specchio traduce una strofa fondamentale di *Unterwegs* (*Per via*):

Da loro [le « stirpi innumerevoli »] sino allo sguardo
[silenzioso
che mia madre ebbe nel morirmi
è stato solo un certo e inarrestabile
cammino sino a me ed è lo stesso
cammino che mi porta alla deriva
dei tempi verso uomini di cui
sono avo remoto e ne contengo nella mia la vita.

Proprio nello Hesse lirico si avverte come questo andare alla deriva sia pregno di tutta l'oscura sotterranea ricchezza di una ricerca del "centro" che è poi un immergersi nel più profondo dei gorghi. Questo "centro", infatti, non coincide con l'Io, con l'Essere come Soggetto della metafisica occidentale: è piuttosto assimilabile al "vuoto" del Tao, « la forma senza forma / la figura senza figura » (*Tao-Te-Ching*). « Chi dirige la forza suprema del suo desiderio – scriveva Hesse nel *Gioco delle perle di vetro* – verso il centro, verso il vero essere, verso il perfetto, appare più quieto dell'appassionato, poiché non sempre si scorge la fiamma della sua arsione. »

Le poesie di Hesse non rappresentano certo l'aspetto più rilevante della sua opera. Estranee alla rivoluzione formale operata dalle avanguardie storiche che ha travolto la costruzione armonica della cosiddetta « lirica del sentimento », hanno spesso giustificato, per la loro compostezza e lindura, le riserve di quanti si sono limitati a considerare gli elementi epigonali del loro diffuso alone postromantico. Ma non va dimenticato che lo stesso Hesse rifiutava ironicamente l'equilibrio convenzionale di una composizione lirica che s'accontenti di « ammucchiare un bel contenuto entro versi gradevolmente costruiti », opponendo ad essa una poesia dove « la musica di un linguaggio creativo si trasforma in vibrante simbolo del mondo e della vita » (*Una biblioteca della letteratura universale*). Indubbiamente Hesse è ancora ben lontano dall'elaborazione di una poetica originale, anche se non è privo d'importanza il fatto che egli sottolinei la necessità di una poesia non volta a « spiegare », a « migliorare », ad « ammaestrare », bensì ad « aprire sempre di nuovo il mondo delle immagini, il mondo dell'anima » (*Bekenntnis des Dichters*).

Diversamente da quel che avviene negli scritti narrativi, Hesse riesce soltanto a dischiudere la porta su un « mondo delle immagini » in cui esse raggiungono il giusto grado di fusione richiesto da una perfetta autonomia espressiva, di là dall'intersezione di percezione fantastica e suggestioni letterarie, tensioni evocative e reminiscenze musicali. Per quanto egli affermi che i sogni di cui è intessuto il linguaggio della poesia debbano essere anche « sogni d'angoscia » e che non ci è consentito « abbellire » le « immagini dell'orrore » – è quanto fanno, egli dice, i « poeti della borghesia » (*Bekenntnis des Dichters*) – prevale pur tuttavia, nelle sue liriche, la ricerca di una sovranità di visione nella quale ogni discordanza e dissonanza sembrano poco alla volta smorzarsi e ogni lacerazione si ricompone in quella superiore unità dove si conciliano i contrari. La "serenità" di Hesse lirico sembra costituire la linfa segreta del gioco armonico di rapporti di cui si strutturano i movimenti leggeri dei suoi versi, gli arabeschi musicali delle sue visioni, gli esili contorni dei suoi scorci di paesaggio dipinti con la sottile eleganza di un maestro cinese, la suggestione di un malinconico congedo dalle « ombre beate dei giorni » che dileguano in « silenziosa danza » (*Elegia di settembre*). Laddove, invece, la vibrazione della *Stimmung* non si esaurisce nel magistero della fattura formale e della sua "rotondità" evocativa, complicandosi in altre risonanze, ecco che questa poesia trapassa dalla cifra elegiaca o dalla tentazione dell'idillio a una temperie meditativa nella quale sono percepibili le note di una diversa e ben più significativamente hessiana "serenità". Questa non appare più materiata di « gioco e di superficie » – per ricordare le parole dette da Knecht al suo vecchio compagno di scuola, Designori, nel *Gioco delle perle di vetro* – bensì di « serietà e profondità ». Una serenità che è « suprema conoscenza e amore, affermazione della realtà tutta, un vegliare all'orlo di ogni voragine e di ogni abisso »: questa serenità è « una virtù dei santi e dei cavalieri, indistruttibile [*recte*: imperturbabile] » e va accrescendosi « con l'età e con la vicinanza della morte ».

Nei suoi momenti più raggiunti la tensione segreta della poesia di Hesse va dunque ricondotta a questa *seconda serenità*. Essa è piuttosto dionisiaca che apollinea, poiché assomiglia – come dirà ancora il Maestro del Gioco delle Perle – alla « serenità della musica, la quale altro non è che coraggio, passo sereno e danza sorridente attraverso gli orrori e le fiamme del mondo, festosa offerta di un sacrificio » (trad. it. di E. Pocar). Ecco come si convertono gli opposti: come le immagini dell'orrore tramontano nella fascinazione della musica dove appunto il demoniaco e l'oscuro, il sotterraneo istinto e il male inesplicabile non vengono esorcizzati né sublimati, ma *compresi* a partire dalla loro *ultima profondità*. In virtù di questa, potremmo dire parafrasando il Nietzsche della *Nascita della tragedia*, Dioniso parla la lingua di Apollo e Apollo quella di Dioniso.

È possibile cogliere in questo modo il *fondo* della serenità di Hesse, sottraendolo ai romantici *décors* di quella « nobiltà della forma » (August von Platen) che in Hesse è ancora così tirannica. Ma proprio questa serenità non si lascia omologare con alcun paradigma classico-romantico e non rappresenta in alcun modo l'approdo metafisico di una « via all'interiorità », bensì la *trasparenza di un cammino* o di molti cammini nei misteri stessi della illusione, nei sortilegi del dolore e dell'ebbrezza, nelle favole dell'amore e della malinconia, lungo quel sottile discrimine che non divide, ma paradossalmente unisce il demoniaco al divino, il non-umano all'umano.

In una lettera degli inizi di settembre del 1944, inviata a Hesse da Karl Kerényi, scriveva quest'ultimo riguardo a due liriche che l'amico gli aveva mandato in dono: « Credo che quella somma semplicità che Lei ha qui raggiunto e che conferisce a entrambe queste poesie una limpidezza trasparente sino all'invisibilità, credo che sia questa "diaphanéité" (prendo questa parola da un saggio inglese di Walter Pater) ad aver ingannato a tal punto un letterato abituato a vivere in cose complicate, da fargli vedere il nulla di fronte a sé, benché in questo nulla venga espresso, in certo modo, il Tutto. Ebbene, sono poesie, queste, specialmente *Im Schloss Bremgarten*, che non si dovrebbero leggere, ma respirare ».

Questa limpidezza così trasparente da confondersi con il nulla, questa intrasparenza della totalità che risulta dalla sua stessa estrema semplicità e pienezza, stanno ad attestare l'oltrepassamento di un orizzonte. La "serenità" di Hesse non rimanda a una serenità classica-occidentale, poiché la totalità ad essa sottesa è aperta sul "grande pieno" del Tao che appare come "vuoto", sulla "suprema vuotezza" del *Tao-Te-Ching*. Non a caso Kerényi usa il termine di W. Pater, "diaphanéité" (diafanità). Una poesia che non può essere "letta", ma soltanto "respirata" – come osserva Kerényi non senza una evidente reminiscenza rilkiana – si regge sui valori "deboli", esattamente nel senso con cui *Chuang-tse* definisce l'aspetto "interiore" della debolezza, vale a dire come quel « vuoto che non rovina le cose », quel vuoto che – dirà Lao-tse – è « la funzione del Tao ».

Questo "vuoto", questa "semplicità" sono la trasparenza occulta e magica di quel fondo in cui si cela la *seconda serenità* di Hesse. Ma questo fondo è quello stesso intravisto come mito, come la « regione del crepuscolo, tra notte e giorno ». È nel mito, in questo processo del risveglio che continuamente si ripete, è qui – notava finemente Seidlin – che va letto il « coraggioso tentativo di trasporre l'esperienza di una natura primeva nel linguaggio e nei simboli della realtà » (*the courageous attempt to transpose experience of a primeval nature into the language and symbols of reality*), e sta proprio « nel doloroso esercizio » nell'oltrepassare la "soglia" di questo risveglio « l'essenza dell'opera di Hesse » (O. Seidlin, *Hermann Hesse: the exorcism of the demon*, in « Symposium », IV, 1950, 2). Ma se è vero che le « storie di Hesse sono miti », è altrettanto vero che l'autobiografia idealmente espressa nelle cifre della sua opera poetica si articola come il mito non già dell'origine o della fine utopica, bensì del divenire, un mito immediatamente presente come linguaggio lirico. In questo senso, le poesie di Hesse costituiscono il contrappunto delle sue molte storie: sono le tracce che il "cavaliere dell'anima" ha lasciato nel suo trascorrere, incalzato com'è da « uno spirito universale che non vuole arrestarci a nessuno spazio come fosse una "patria" » (*Heimat*), ma « innalzarci di gradino in gradino, renderci sempre più vasti » (si veda la poesia *Stufen*). Queste tracce possono essere più o meno labili, svanire rapidamente o persistere lungamente nella memoria, ma sono la scansione di quel raccogliersi e di quel volgersi dentro di sé, per cui soltanto è possibile – dirà Hesse in una delle sue ultime poesie (*Jünger Novize im Zen-Kloster*) – « imparare a vedere e a leggere »:

Raccogliti – e il mondo diverrà apparenza.
Raccogliti – e l'apparenza diverrà essere.

Ferruccio Masini

CRONOLOGIA

a cura di Maria Pia Crisanaz Palin

1877
2 luglio. Hermann Hesse nasce a Calw sulla Nagold, nel Württemberg, da Johannes Hesse, cittadino russo d'origine baltica, e da Maria Gundert, già vedova Isenberg. La famiglia è fervidamente pietista, entrambi i genitori sono stati missionari in India, il loro livello culturale è notevole: in particolare il nonno Gundert, noto orientalista e profondo conoscitore delle lingue e dei dialetti dell'India, continua a tenere relazioni con studiosi di ogni paese. La componente pietista e l'amore per l'India eserciteranno un influsso determinante sulla formazione dello scrittore; le diverse origini nazionali dei familiari (la nonna materna era francese) ne faranno un cittadino del mondo, alieno da ogni forma di nazionalismo.

1881-1886
Sono gli anni del soggiorno a Basilea. Il piccolo Hermann frequenta la scuola per figli di missionari; la madre annota nel diario che il vivace temperamento del figlio la fa molto penare. Per questo motivo nell'89 egli trascorre tutta la settimana a scuola e viene a casa solo la domenica.

1889-1891
Johannes Hesse ottiene la cittadinanza tedesca per il figlio, che dall'83 era cittadino svizzero. Hermann frequenta il ginnasio a Göppingen; nel '91, superato a luglio il *Landexamen*, viene ammesso al seminario di Maulbronn, dove entra nell'autunno.

1892-1894
Nel marzo 1892 fugge dal seminario; espulso per il cattivo influsso che potrebbe esercitare sui compagni, viene mandato dai genitori a Bad Boll presso il pastore ed « esorcista » Christoph Blumhardt; qui a giugno Hermann compra una pistola e minaccia il suicidio. In seguito a questo episodio viene ricoverato nella « Casa di cura per malati di mente ed epilettici » di Stetten, dove passa mesi di disperazione che lo allontanano per sempre dalla religione della famiglia. In seguito alle sue suppliche trova ospitalità nell'ottobre presso il pastore Pfisterer a Basilea, e quindi si iscrive al ginnasio di Cannstatt. Questa volta chiede ai genitori di rientrare a casa perché non sopporta più la vita di studio. Nel giugno del 1894 va a lavorare come

apprendista alla fabbrica di orologi Perrot di Calw. Da questo periodo egli comincia da solo la sua istruzione personale, approfittando della ricca biblioteca del nonno, che comprendeva tutta la poesia e la filosofia del XVIII secolo. Oltre a Goethe e a Schiller, studiati anche in seguito, legge molti contemporanei: Turgenev, Hamsun, Ibsen (per il momento apprezza Turgenev più di Dostoevskij). Sente che il difficile periodo del '92 ha dato un'impronta decisiva alla sua personalità poetica.

1895-1898
A Tübingen lavora come apprendista libraio da Heckenbauer.

1899
Pubblica *Romantische Lieder* (*Canti romantici*), raccolta di poesie, presso Pierson a Dresda (è uscita nel 1898 anche se reca impresso l'anno 1899). A luglio, *Eine Stunde hinter Mitternacht* (*Un'ora dopo mezzanotte*), scritta nell'inverno '98-'99 a Tübingen, viene pubblicata a Lipsia presso l'editore Diederichs, di cui aveva conosciuto la moglie. Il libro viene recensito favorevolmente da Rilke (« Le parole sono come di metallo e si leggono lente e pesanti »).

1899-1903
Vive a Basilea dove lavora alla libreria Reich e dall'antiquario Wattenwyl. Frequenta un ambiente dove è viva l'attenzione all'opera di Jacob Burckhardt, il cui pessimismo storico influenzerà Hesse.

1901
Compie il primo viaggio in Italia (visita Genova, Firenze, Pisa e Venezia); dove ritornerà ancora nel 1903.

1902
Pubblica *Hinterlassene Schriften und Gedichte von Hermann Lauscher, herausgegeben von H. Hesse* (*Scritti e poesie di H. Lauscher, pubblicati da H. Hesse*, ed. Reich, Basilea); *Gedichte* (*Poesie*, ed. Grote, Berlino), dedicate alla madre che muore poco prima della pubblicazione del libro.

1904
Pubblica *Peter Camenzind* presso l'editore Fischer a Berlino e gli studi biografici *Boccaccio* e *Franz von Assisi* (ed. Schuster e Löffler, Berlino e Lipsia).
Sposa a Basilea Maria Bernoulli, della nota famiglia di scienziati, sensibile e fine pianista.

1904-1912
Ispirandosi a Tolstoj, a Jeremias Gotthelf e a tutto un movimento di fuga dalla città a sfondo morale-artistico allora abbastanza vivo in Germania, in parte anche per influsso degli ideali della moglie, Hesse

si trasferisce in una semplice casa di contadini presa in affitto a Gaienhofen sull'Untersee, nel Baden. In questa fase di vita contadina a contatto della natura nascono tre figli (Bruno, Heiner, Martin) e dopo tre anni la famiglia si trasferisce in una casa nuova più confortevole: « Am Erlenloh ». Lo scrittore collabora alla rivista liberale « März » con Ludwig Thoma e Kurt Arom (1907-12) e fa amicizia con Othmar Schoeck, che musicherà una ventina delle sue poesie. Collabora a varie riviste, fra cui « Die Propyläen », « Die Rheinlande », « Simplizissimus ».

1906
Pubblica *Unterm Rad* (*Sotto la ruota*), eco attenuata delle vicende di Maulbronn; negli anni successivi escono i volumi di racconti *Diesseits* (*Da questa parte*) nel 1907, *Nachbarn* (*Vicini*) nel 1908 e *Umwege* (*Vie traverse*) nel 1912; il romanzo *Gertrud* compare nel 1910 (la prima redazione fu pubblicata nella *Prosa aus dem Nachlass* [*Prosa inedita*], la seconda fu stampata nel 1909-10 sui « Verhangen und Klasing Monatshefte »).

1911
Col viaggio in India, a cui si sente spinto da un'intima esigenza, può dirsi ormai esaurito il tentativo di condurre una vita contadino-sedentaria. Parte col pittore Hans Sturzenegger durante l'estate, giunge fino a Singapore e Sumatra e rientra alla fine dell'anno. È una tappa che lo ricollega al mondo dell'infanzia e da cui nasceranno le riflessioni sulla cultura orientale che rappresentano la risposta di Hesse a una serie di interessi estremamente vivi in molti ambienti culturali dell'epoca.

1912
La famiglia si trasferisce in Svizzera nei dintorni di Berna, nella casa in cui era vissuto il pittore Albert Welti.

1913
Pubblica *Aus Indien. Aufzeichnungen von einer indischen Reise* (*Note da un viaggio in India*, schizzi di viaggio, poesie, un racconto; ed. Fischer, Berlino).

1914-1919
Pubblicazione di *Rosshalde*, storia del matrimonio fallito d'un artista (ed. Fischer, Berlino).
La « grande crisi morale » prodotta dalla guerra costringe lo scrittore a dare nuove basi a tutta la sua vita e al suo modo di pensare. Il 3 novembre 1914 rivolge dalle pagine della « Neue Zürcher Zeitung » un appello di umanità richiamandosi all'insegnamento goethiano, destando così scalpore negli ambienti nazionalisti. Dichiarato inabile al servizio militare, a cui s'era presentato come volontario, opera per tutta la durata della guerra nella « Deutsche Gefangenenfürsorge », il servizio di assistenza ai prigionieri di guerra; pubblica nel 1916 il giornale degli

internati tedeschi, la « Deutsche Internierten Zeitung »; fonda una casa editrice, il « Verlag der Bücherzentrale für deutsche Kriegsgefangene », in cui escono 22 volumi fra il 1918 e il 1919.

1915
Knulp. Drei Geschichten aus dem Leben Knulp (*Tre storie dalla vita di Knulp*, romanzo edito da Fischer, Berlino), lungamente preparato da vari abbozzi pubblicati nella *Prosa aus dem Nachlass* (*Prosa inedita*), rappresenta la conclusione d'una fase della vita e dell'opera dell'autore. La sua evoluzione lo porterà nel dopoguerra a un tipo di narrativa in cui la problematica assumerà un'importanza superiore a quella della componente estetica. Altri scritti: *Am Weg* (*Per via*, quattro racconti, pubblicati presso Reuss e Itta a Costanza); *Musik des solitario* (nuove poesie, pubblicate nella serie « Salzer Taschenbücher », presso l'editore Salzer di Heilbronn).

1916
Muore il padre, il figlio Martin è gravemente malato, la moglie Mia viene ricoverata in una clinica per malattie mentali. Hesse viene salvato dal crollo nervoso grazie alle cure dello psicanalista dott. J. B. Lang, allievo di Jung, che nel corso di circa sessanta sedute (di cui le prime a Sonnmatt presso Lucerna) lo inizia alla costruzione consapevole dell'io dall'esame dell'inconscio e dei suoi miti; metodo che influirà in modo rilevante sull'opera di Hesse fino al *Lupo della steppa*. Gli echi più immediati si ritrovano nel *Demian*, che egli scrive contemporaneamente, fra il 1916 ed il 1917.

1919
Termina il servizio presso il centro di assistenza ai prigionieri di guerra, e decide di restare in Svizzera. Spera che qualcosa di nuovo possa venire alla Germania dal movimento degli Spartachisti, ma non si riconcilierà mai con la Repubblica di Weimar, di cui il *Lupo della steppa* darà un quadro oltremodo cupo. Si trasferisce nella casa Camuzzi di Montagnola nel Canton Ticino. Ormai vive separato dalla moglie, che verrà nuovamente ricoverata in cliniche per malattie mentali. Le condizioni economiche dello scrittore sono estremamente precarie per la svalutazione del marco tedesco: vive grazie all'appoggio materiale di alcuni amici.
Pubblica *Märchen* (*Favole*; scritte fra il 1913 e il 1917, ed. Fischer, Berlino) e *Demian*, sotto lo pseudonimo di Emil Sinclair (da Isaac von Sinclair, amico di Hölderlin); a fine ottobre restituisce il premio Fontane per scrittori esordienti, assegnato al romanzo. Sempre in questo periodo esce anonimo *Zarathustras Wiederkehr. Ein Wort an die deutsche Jugend von einem Deutschen* (*Il ritorno di Zarathustra. Una parola alla gioventù tedesca*, ed. Stämpfli, Berna; uscirà sotto il suo nome nel 1920 presso Fischer). Egli stesso si fa promotore della pubblicazione d'una rivista mensile di carattere politico-letterario, « Vivos voco ».

1920

Escono *Klingsors letzter Sommer* (*L'ultima estate di Klingsor*: comprende i racconti *Kinderseele* [*Animo infantile*], *Klein und Wagner* e *Klingsor*); *Wanderung* (*Peregrinazione*, 13 schizzi in prosa e 10 poesie) e *Blick ins Chaos* (*Sguardo nel caos*, ed. Seldwyla, Berna; comprende i saggi su Dostoevskij: *I fratelli Karamazov o il declino d'Europa e Pensieri sull'Idiota di Dostoevskij*). A giugno pubblica su « Vivos voco » due recensioni su Freud, a settembre una sul *Bhagavadgita* e a novembre quella sul famoso libro del conte Keyserling *Reisetagebuch eines Philosophen* (*Diario di viaggio di un filosofo*). Riceve la visita dell'orientalista Wilhelm Gundert (a cui dedicherà la seconda parte del *Siddhartha*); a settembre incontra a Lugano Romain Rolland, a cui è legato da profonda stima fin dal 1914, per la consonanza degli ideali pacifisti; a dicembre conosce Hugo ed Emmy Ball. In questi anni allestisce più volte delle mostre dei suoi dipinti.

1921

Pubblica per i tipi di Fischer *Ausgewählte Gedichte* (*Poesie scelte*; la raccolta comprende una selezione da *Canti romantici*, *Poesie*, *Per via*, *Musica del solitario*, *Peregrinazione*). In febbraio, maggio e luglio, mentre sta scrivendo *Siddhartha*, si sottopone a varie sedute psicanalitiche con Jung a Küsnacht, e non ci sembra azzardato dare un significato maieutico a tali incontri. In questo stesso periodo recensisce sulla « Neue Rundschau » i *Discorsi di Buddha* tradotti dal Neumann. A ottobre viene pubblicato il *Siddhartha* presso Fischer.

1922

A fine maggio riceve a Montagnola la visita di T.S. Eliot che ha letto *Sguardo nel caos*. In agosto partecipa a Lugano al Congresso di pace della Lega internazionale delle donne, e vi incontra Romain Rolland e Bertrand Russell.

1923

Ottiene nuovamente la cittadinanza svizzera; durante l'estate divorzia dalla moglie Mia Bernoulli.

1924

Sposa a Basilea la cantante Ruth Wenger, con cui compie in dicembre un viaggio in Germania, dove tiene alcune letture pubbliche delle sue opere, come già ha fatto in Svizzera negli stessi anni. In agosto riceve la visita dell'editore Fischer e di Martin Buber. Legge e recensisce il *Tramonto dell'Occidente* di Oswald Spengler.

1925

La moglie Ruth s'ammala di tubercolosi. A novembre lo scrittore compie un altro viaggio in Germania, e a Monaco incontra Thomas Mann. A Zurigo trova un alloggio dove per anni trascorrerà l'inverno. Pubblica *Kurgast* (*Una cura termale*), già comparso nel 1924 in 300 esemplari sotto il titolo *Psychologia Balnearia oder Glossen eines*

Badener Kurgastes (*Psicologia balneare o Postille di un ospite della stazione climatica di Baden*). Dal '23 fino al '52, infatti, lo scrittore continuerà a recarsi a Baden presso Zurigo per curare i dolori reumatici.

1926
Assiste per tre volte alla rappresentazione del *Flauto magico* e una volta al *Don Giovanni* di Mozart; a fine dicembre in sei settimane, notte e giorno, scrive *Steppenwolf* (*Il lupo della steppa*). Lo stesso stato d'animo gli aveva ispirato le poesie di *Krisis. Ein Stück Tagebuch* (*Crisi. Un brano di diario*) alcuni mesi prima.

1927
Ruth chiede il divorzio che le viene concesso in pochi mesi. Hesse pubblica *Die Nürnberger Reise* (*Il viaggio a Norimberga*), resoconto del viaggio del 1925; a giugno esce *Il lupo della steppa*, contemporaneamente al libro di Hugo Ball sulla vita e l'opera di Hesse.

1928
In aprile esce la raccolta di versi *Crisi* in un'edizione speciale di soli 1000 esemplari numerati, presso l'editore berlinese Fischer. Esce *Betrachtungen* (*Considerazioni*), che contiene vari articoli dal 1904 al '27. Il libro verrà ufficialmente vietato nella Germania di Hitler, perché contenente scritti di argomento politico.

1930
Dopo una prima pubblicazione sulla « Neue Rundschau », com'è avvenuto per molte altre opere, pubblica presso Fischer *Narziss und Goldmund* (*Narciso e Boccadoro*), scritto fra il '27 e il '29. Libro « non eroico, non bellicoso », quindi non ben accolto da una generazione di eroi e di madri di eroi. In seguito non verrà ripubblicato perché contiene la descrizione di un pogrom, che Hesse rifiuta di cassare. Pubblica inoltre *Diesseits* (*Da questa parte*), in cui compaiono rimaneggiati i racconti *Diesseits, Nachbarn* e *Schön ist die Jugend* (*Bella è la giovinezza*).

1931
Hesse sposa in terze nozze Ninon Dolbin, nata Ausländer, di Czernowitz, studiosa di storia dell'arte. Abbandona la casa Camuzzi e si trasferisce in una nuova, offertagli per tutta la vita dall'amico Hans Bodmer, sempre a Montagnola, presso Lugano. Esce dalla sezione per la poesia dell'Accademia prussiana delle arti, in cui era stato accolto nel 1926: lo scrittore ha l'impressione che anch'essa contribuirà a ingannare il popolo proprio nei problemi più importanti, come già nel 1914.
Ripubblica in *Weg nach Innen* (*La via interiore*) *Siddhartha, Animo infantile, Klein e Wagner* e *L'ultima estate di Klingsor.*

1932
Pubblica *Die Morgenlandfahrt* (*Il pellegrinaggio in Oriente*), la cui copertina viene illustrata da Alfred Kubin.
Comincia a lavorare al *Glasperlenspiel* (*Il gioco delle perle di vetro*), che terminerà nel '43.

1933
Ha inizio il suo impegno attivo in favore degli emigrati tedeschi, per cui si prodigherà instancabilmente per anni. Ospita Thomas Mann, Bertolt Brecht, Kurt Wolff, che si sono allontanati definitivamente dalla Germania. In agosto riceve la visita dell'indologo Heinrich Zimmer.

1934
Pubblica presso la casa editrice Insel la raccolta di poesie *Vom Baum des Lebens* (*Dall'albero della vita*), dedicata a Ninon. Diventa membro dello « Schweizerischer Schriftstellerverein » (Unione svizzera degli scrittori) per poter aiutare più efficacemente gli scrittori tedeschi in esilio. A maggio pubblica sulla « Neue Rundschau » una delle tre « Vite » del *Gioco delle perle di vetro*: *Der Regenmacher* (*Il mago della pioggia*). In agosto riceve la visita di Martin Buber; in ottobre incontra a Baden Thomas Mann che gli legge in tre pomeriggi dei passi dal ciclo di *Giuseppe e i suoi fratelli*. In questo periodo, dopo avervi dedicato mesi di studio, smette di scrivere il *Vierter Lebenslauf* (*La quarta vita*). A dicembre pubblica sulla « Neue Rundschau » l'introduzione al romanzo: *Das Glasperlenspiel, Versuch einer allgemeinverständlichen Einführung in seine Geschichte von Hermann Hesse* (*Il gioco delle perle di vetro, tentativo di una introduzione alla sua storia. Saggio alla portata di tutti*).

1935
Esce *Fabulierbuch* (*Libro di narrazioni*), una serie di racconti che fin dal 1905 Hesse voleva raccogliere in un libro di leggende. In aprile riceve la visita di Christoph Schrempf, ammirato per il suo coraggio morale fin dagli anni di Maulbronn, quando per motivi di coscienza aveva rinunciato a esercitare il suo incarico di pastore. La rivista tedesca « Die Neue Literatur » (quaderno 11 del mese di novembre) attacca Hesse per aver recensito favorevolmente il « comunista ebreo » Ernst Bloch e vari altri scrittori « ebrei » sulla rivista svedese « Bonniers Litterära Magasin ». Alla fine di novembre muore suicida il fratello Hans.

1936
Insieme a Thomas Mann e Annette Kolb sottoscrive una protesta sulla « Neue Zürcher Zeitung » contro la privazione della casa editrice subita in Germania dall'ebreo Gottfried Bermann Fischer. A marzo pubblica su « Corona » *Erinnerung an Hans* (*Ricordo di Hans*), un commosso ritratto della ricca e sensibile personalità del fratello morto. Lo scrittore riceve il premio Gottfried Keller della fondazione

Martin Bodmer di Zurigo. Nel corso dell'anno incontra Karl Kerényi, Gerhart Hauptmann e Peter Suhrkamp, che è subentrato per breve tempo alla direzione della casa editrice Fischer in Germania, mentre Gottfried Fischer si è trasferito a Vienna, dove ha fondato il Bermann Fischer Verlag per gli autori vietati nel Reich (dopo aver ricevuto il rifiuto delle autorità svizzere, in genere poco ospitali verso gli emigrati). Spedisce alle « Neue Rundschau » la seconda « Vita » del *Gioco delle perle di vetro*: *Der Beichvater* (*Il confessore*).

1937
Esce la raccolta *Neue Gedichte* (*Nuove poesie*), che contiene poesie dei cicli *Trost der Nacht* (*Confronto della notte*, del 1929), *Gedichte des Sommers 33* (*Poesie dell'estate 1933*), *Die Gedichte des jungen Josef Knecht* (*Poesie del giovane Josef Knecht*, del 1934-36). A giugno pubblica *Gedenkblätter* (*Pagine commemorative*), che verrà ampliato in una successiva edizione nel 1950 da Suhrkamp. Questi volumi rappresentano le uniche opere di Hesse pubblicate in prima edizione in Germania durante il nazismo. L'opera dello scrittore è giudicata sgradita al regime e *Sotto la ruota*, *Il lupo della steppa*, *Considerazioni* e *Narciso e Boccadoro* non possono venire ripubblicati. Un'altra parte del *Gioco delle perle di vetro*, *Indischer Lebenslauf* (*Una vita indiana*), viene pubblicata sulla « Neue Rundschau ». Incontra nel corso dell'anno Ernst Wiechert e Thomas Mann. Si interessa per aiutare materialmente Robert Walser.

1938
In marzo cominciano ad arrivare i primi emigrati dall'Austria; si rivelano infruttuosi gli interventi di Hesse presso la polizia svizzera. Giungono a Montagnola prima Albert Ehrenstein, poi Peter Weiss. In giugno e agosto vengono pubblicati su « Corona » due capitoli del *Gioco delle perle di vetro*: *Die Berufung* (*La vocazione*) e *Waldzell*.

1939
« L'attualità, la politica, il bisogno degli emigrati, l'ansia per gli amici in pericolo [...] dover assistere a tanta crudeltà – tutto ciò non rallegra l'atmosfera. Per fortuna continuano a cantare gli uccelli e il bosco di castagni riprende a fiorire » (lettera del 20.6.39 a Felix Braun). In ottobre pubblica sulla « Neue Rundschau » il capitolo *Studienjahre* (*Anni di studio*).

1940
Pubblica sulla « Neue Rundschau » i capitoli *Die Mission* (*La missione*) e *Magister Ludi*. Legge *Homo ludens* di Huizinga, da poco tradotto in tedesco, sorprendentemente affine sotto certi aspetti alla sua elaborazione del concetto del Gioco.

1941
Visita di Karl e Magda Kerényi a Montagnola.

1942-1943
Poiché lo scrittore non può continuare a pubblicare le sue opere in Germania, fa uscire l'edizione complessiva delle poesie (*Die Gedichte*) a Zurigo presso Fretz & Wasmuth.
Il 18 novembre 1943 esce *Das Glasperlenspiel. Versuch einer Lebensbeschreibung des Magister Ludi Josef Knecht samt Knechts hinterlassenen Schriften. Herausgegeben von Hermann Hesse* (*Il giuoco delle perle di vetro. Saggio biografico sul Magister Ludi Josef Knecht pubblicato insieme con i suoi scritti postumi*). Peter Suhrkamp ha tentato invano di ottenere dal Ministero della propaganda il permesso di pubblicare il libro in Germania; ed è venuto a Baden nell'agosto del 1942 per restituire a Hesse il manoscritto; allora lo scrittore si è accordato con l'editore Fretz & Wasmuth di Zurigo. Poco tempo dopo Suhrkamp è costretto a chiudere la casa editrice già appartenente a Fischer e viene internato per breve tempo in un lager.

1945
Traumfährte (*Viaggi di sogno*, nuovi racconti e favole), dedicato a Ernst Morgenthaler, viene pubblicato da Fretz & Wasmuth.

1946
Pubblica *Krieg und Frieden. Betrachtungen zu Krieg und Politik seit dem Jahre 1914* (*Guerra e pace. Considerazioni sulla guerra e la politica dal 1914*, raccolta di scritti a partire dal famoso *Amici, non questi accenti!*). In agosto la città di Francoforte gli conferisce il premio Goethe. A novembre Hesse riceve il premio Nobel. Alla fine del mese l'editore Suhrkamp pubblica la prima edizione tedesca del *Giuoco delle perle di vetro*.

1951
Escono *Späte Prosa* (*Tarda prosa*, racconti dal 1944 al 1950) e *Briefe* (*Lettere*). Quest'ultimo volume contiene una scelta di 200 lettere dal 1927 al 1950 ed è dedicato « All'amico Suhrkamp per il 60° compleanno ». La moglie Ninon ha collaborato col marito nella scelta delle più significative.

1952
In occasione del settantacinquesimo compleanno di Hesse, Suhrkamp pubblica la *Gesammelte Dichtungen* (*Opere*, in sei volumi).

1954
Piktors Verwandlungen (*Le metamorfosi di Piktor*) è una favola scritta nel 1922 e rimasta inedita; viene nuovamente pubblicata in un'edizione delle *Märchen* del 1955.

1955
Beschwörungen (*Evocazioni*), pubblicato da Suhrkamp, contiene racconti, lettere agli amici e pagine di diario.

1956
Viene fondato il premio Hermann Hesse.

1957
Escono i *Gesammelte Schriften* (*Scritti*) in sette volumi, poiché ai precedenti sei delle *Gesammelte Dichtungen* ne viene aggiunto uno di prose e lettere.

1961
Stufen (*Gradini*) è una scelta di poesie vecchie e nuove, pubblicate da Suhrkamp.

1962
Esce un'edizione ampliata di 15 testi delle *Pagine commemorative*.
9 agosto: Hermann Hesse muore a Montagnola.

BIBLIOGRAFIA

OPERE DI HERMANN HESSE

Poesia

Romantische Lieder, Dresden 1899.
Gedichte, Berlin 1902.
Unterwegs, München 1911.
Musik des Einsamen, Heilbronn 1915.
Gedichte des Malers, Bern 1920.
Ausgewählte Gedichte, Berlin 1921.
Krisis, Berlin 1928.
Trost der Nacht, Berlin 1929.
Vom Baum des Lebens, Leipzig 1934.
Neue Gedichte, Berlin 1937.
Die Gedichte, Zürich 1942.
Späte Gedichte, St. Gallen 1946.
Stufen, Frankfurt/M. 1961.
Die späten Gedichte, Frankfurt/M. 1963.

Romanzi e racconti

Eine Stunde hinter Mitternacht, Leipzig 1899.
Hinterlassene Schriften und Gedichte von Hermann Lauscher, Basel 1902.
Peter Camenzind, Berlin 1904.
Unterm Rad, Berlin 1906.
Diesseits, Berlin 1907.
Nachbarn, Berlin 1908.
Gertrud, München 1910.
Umwege, Berlin 1912.
Aus Indien, Berlin 1913.
Rosshalde, Berlin 1914.
Knulp, Berlin 1915.
Am Weg, Konstanz 1915.
Demian. Die Geschichte einer Jugend von Emil Sinclair, Berlin 1919.

Märchen, Berlin 1919.
Klingsors letzter Sommer, Berlin 1920.
Siddhartha. Eine indische Dichtung, Berlin 1921.
Kurgast, Berlin 1925.
Bilderbuch. Schilderungen, Berlin 1926.
Die Nürnberger Reise, Berlin 1927.
Der Steppenwolf, Berlin 1927.
Narziss und Goldmund, Berlin 1930.
Die Morgenlandfahrt, Berlin 1932.
Stunden im Garten, Wien 1936.
Gedenkblätter, Berlin 1937.
Das Glasperlenspiel, Zürich 1943.
Traumfährte, Zürich 1945.
Späte Prosa, Berlin 1951.
Piktors Verwandlungen, Berlin 1954.
Beschwörungen, Berlin 1955.
Prosa aus dem Nachlass, Frankfurt/M. 1965.
Der vierte Lebenslauf Josef Knechts, Frankfurt/M. 1965.
Die Kunst des Müssiggangs, Frankfurt/M. 1973.

Articoli e saggi

Boccaccio, Berlin 1904.
Franz von Assisi, Berlin 1904.
Zarathustras Wiederkehr. Ein Wort an die deutsche Jugend, Bern 1919.
Blick ins Chaos, Bern 1920.
Betrachtungen, Berlin 1928.
Eine Bibliothek der Weltliteratur, Leipzig 1929.
Kleine Betrachtungen, Bern 1941.
Der Europäer, Berlin 1946.
Krieg und Frieden, Zürich 1946.
Neue Deutsche Bücher, Marbach 1965.
Politische Betrachtungen, Frankfurt/M. 1970.

EDIZIONI COMPLESSIVE

Gesammelte Dichtungen, 6 voll., Berlin und Frankfurt/M., Suhrkamp, 1952.
Gesammelte Schriften, 7 voll., Berlin und Frankfurt/M., Suhrkamp, 1957.
Gesammelte Werke in zwölf Bänden (Werkausgabe, Edition

Suhrkamp), Frankfurt/M., Suhrkamp, 1970 - *Schriften zur Literatur*, 2 voll., Frankfurt/M., Suhrkamp, 1972.

Traduzioni in italiano delle *Poesie*

Liriche, traduzione di E. Leonardi, Messina-Firenze 1952.
Poesie, in *Lirici tedeschi*, traduzione di D. Valeri, Milano 1959.
Poesie, in *Poesia tedesca*, traduzione di E. Pocar, Milano 1965.
25 poesie, traduzione di E. Pocar, Milano 1965.
Poesie, traduzione di M. Specchio, Milano 1978.
Poesie, traduzione di B. Dal Lago Veneri, Milano 1980.

STUDI COMPLESSIVI SULL'AUTORE E L'OPERA

H. Ball, *HH. Sein Leben und sein Werk*, Berlin 1927.
M. Schmid, *HH. Weg und Wandlung*, Zürich, Fretz und Wasmuth, 1947.
G. Hafner, *HH. Werk und Leben*, Reinbek 1947.
R. B. Matzig, *HH. in Montagnola. Studien zu Werk und Innenwelt des Dichters*, Basel, Amerbach, 1947; ripubblicato come *Hermann Hesse*, Stuttgart, Reclam, 1949.
E. Gnefkow, *HH. Biographie 1952*, Freiburg i.Br. 1952.
R. Adolph, *Montagnola. Begegnungen und Erinnerungen*, St. Gallen, Tschudy Verlag, 1957.
R. Pannwitz, *HHs West-Östliche Dichtung*, Frankfurt/M. 1957.
T. Ziolkowski, *Hermann Hesse*, New York-London, Columbia Univ. Press, 1966.
G. W. Field, *Hermann Hesse*, New York, Twayne, 1970.
H. J. Lüthi, *HH. Natur und Geist*, Stuttgart-Berlin-Köln-Mainz, Kohlhammer, 1970.
E. Beaujon, *Le métier d'homme et son image mysthique chez HH*, Genève, Édition du Mont-Blanc, 1971.
H. Stolze, *HH. Weltscheu und Lebensliebe*, Hamburg, Hansa Verlag, 1971.
E. F. Casebeer, *Hermann Hesse*, New York, Warner Paperback Library, 1972.
J. Glenn, *The Major Works of HH*, New York, Simon & Schuster, 1973.
N. Roger, *HH's Futuristic Idealism. The Glass Bead Game and its Predecessors*, Bern-Frankfurt 1973.
Ch. I. Schneider, *Das Todesproblem bei HH*, Marburg, Elwer 1973.

F. Böttger, *HH. Leben, Werk, Zeit*, Berlin 1974.
G. Vridhagiri, *Das Indienerlebnis HHs*, Bonn, Bouvier, 1974.
A. Hsia, *HH und China. Darstellung, Materialien und Interpretation*, Frankfurt/M., Suhrkamp, 1974.
U. Chi, *Die Weisheit Chinas und « Das Glasperlenspiel »*, Frankfurt/M., Suhrkamp, 1976.
M. Ponzi, *Hesse*, Firenze, La Nuova Italia, 1980.

STUDI SULLE POESIE

1936
J. Erhart, *Die Lyrik H. Hesses*, Diss. Wien 1936 [dattiloscritto].

1948
A. Beck, *« Dienst » und « reuelose Lebensbeichte » im Lyrischen Werk H. Hesses*, in *Festschrift Paul Kluckhohn und Hermann Schneider*, Tübingen, Mohr, 1948.

1952-1953
R. C. Andrews, *The poetry of H. Hesse*, in « German Life and Letters », n.s. 6, 1952/53, pp. 117-127.

1953
W. Haussmann, *Drei Gedichte von H. Hesse*, in « Deutschunterricht », 5, 1953, 4, pp. 34-43.

1953-1954
R. Hippe, *Vier Brunnengedichte* [C. F. Meyer, R. M. Rilke, H. Carosse, H. Hesse], in « Wirkendes Wort », 4, 1953/54, pp. 268-274.

1954
F. Delbono, *Beitrag zur Lyrik Hermann Hesses*, in « Italien-Kulturnachr. » 1954, [Bonn] 41/42.
J. Mileck, *The poetry of H. Hesse*, in « Monatshefte », 46, 1954, pp. 192-198.

1956
E. Hilscher, *The poetry of H. Hesse*, in « Neue Deutsche Literatur », 4, 1956, 9, pp. 109-118.

1958
A. Köstel-Madl, *Der Weg nach Hause in H. Hesses lyrischem Werk. Eine Untersuchung der wichtigsten Motive*, Diss. Erlangen 1958 [dattiloscritto].

1959

D. K. Ansorge, *Die Versucne der Zeitüberwindung in der Lyrik Hermann Hesses*, Diss. Hamburg 1959 [dattiloscritto].

1959-1960

U. Hertling, *H. Hesses Lyrik als Widerspiegelung persönlichen und gesellschaftlich bedingten Erlebens*, in « Wissenschaftliche Zeitschrift der Friedrich-Schiller-Universität Jena », gesellschafts uns sprachwissenschaftliche Reihe, 9, 1959/60, pp. 321-333.

1960

P. Thürer, *Von den Wolken in den Gedicnten H. Hesses*, in *Bodenseebesuch 1960*, Kreuzlingen Bodan, 1960, pp. 71-77.

1963

F. Baumer, *H. Hesse, Prosa und Gedichte*, Ausgewählt und interpretiert von F. Baumer, München, Kösel, 1963.

G. Stein, *H. Hesse last poem: « Knarren eines geknickten Astes »*, in « The German Quarterly » 36, 1963, pp. 307-308.

1967

M. Pfeifer, *H. Hesses Dichtersprache*, in *Blätter für den Deutschlehrer*, Frankfurt a.M. 1967, 2, pp. 52-55.

1969

W. Weber, *Zu H. Hesses letztem Gedicht*, in W. W., *Tagebuch eines Lesers*, Olten - Freiburg Br., Walter, 1965, München, Deutscher Taschenbuch Verlag, 1969, pp. 116-120.

1970

M. E. Gonzalez De Suitrago, *La lirica de Hermann Hesse*, Madrid, Universidad Complutense, 1970.

1971

H. Schildt, *H. Hesse: « Knarren eines geknickten Astes »* (erste und zweite Fassung), in H.S., *Aus der poetischen Werkstatt-Gedichte in verschiedenen Fassungen*, Lehrerheft, Karlsruhe, G. Braun, 1971, pp. 20-21.

1975

Hermann Hesse im Spiegel der zeitgenössischen Kritik, a cura di H. Hsia, Bern und München, Francke, 1975, pp. 7-12; 16-23; 24-33; 104-108; 137-149; 150-158; 224-227; 309-318; 381-382; 501-506.

1976

M. Hermann Neisse, *Hesse als Lyriker*, in AA.VV., *Über Hermann Hesse*, a cura di V. Michels, Frankfurt a.M., Suhrkamp, 1976, 1, pp. 78-82.

1977
W. H. Fritz, *Zu einigen späten Gedichten Hermann Hesse*, in AA.VV., *Über Hermann Hesse*, a cura di V. Michels, Frankfurt a.M., Suhrkamp, 1977, 2, pp. 431-436.
V. Ganeshan, *Hermann Hesse Gedicht « Bhagavad Gita »*, in « Indo-German. Trivandrum », 1, 1977, 7, pp. 8-13.
R. E. Modern, *La lirica de Hermann Hesse*, in *Hermann Hesse 1877-1977*, La Plata, Univ. Nac. de La Plata, 1977.
1978
E. Neis, *Hermann Hesse: « Chioggia », « Ravenna »*, in E. N., *Städte und Landschaften im deutschen Gedicht*, Hollfeld, C. Bange, 1978.
M. Specchio, Introduzione a HH, *Poesie*, tr. M. Specchio, Milano, Guanda, 1978.

POESIE

1895 - 1898

CHOPIN
(1897)

I

Schütte wieder ohne Wahl
Über mich die bleichen, grossen
Lilien deiner Wiegenlieder,
Deiner Walzer rote Rosen.

Flicht darein den schweren Hauch
Deiner Liebe, die im Welken
Duft verstreut, und deines Stolzes
Schaukelschlanke Feuernelken.

CHOPIN
(1897)

I

Spargi ancora a profusione
su di me i gigli pallidi,
grandi gigli dei tuoi canti,
rose rosse dei tuoi valzer.

E il respiro intessi greve
del tuo amore, che appassendo
dà profumo e del tuo orgoglio
garofani di fuoco flessuosi.

[Traduzione di Mario Specchio]

II

GRANDE VALSE

Ein kerzenheller Saal
Und Sporengeläut und Tressengold.
In meinen Adern klingt das Blut.
Mein Mädchen, gib mir den Pokal!
Und nun zum Tanz! Der Walzer tollt;
Erhitzt vom Wein mein Brausemut
Nach aller ungenossenen Lust begehrt –

Vor den Fenstern wiehert mein Pferd.

Und vor den Fenstern hüllt die Nacht
Das dunkle Feld. Es trägt der Wind
Von fern Kanonendonner her.
Noch eine Stunde bis zur Schlacht!
– Tanz rascher, Schatz; die Zeit verrinnt,
Es wiegt der Sturm die Binsen hin und her,
Die nächste Nacht mein Bette sind –

Mein Totenbet vielleicht. – Juchhe, Musik!
In durstigen Zügen trinkt mein heisser Blick
Das junge, schöne, rote Leben ein,
Und trinkt sich nimmer satt an seinem Licht.
Noch einen Tanz! Wie bald! und Kerzenschein
Und Klang und Lust verlischt; der Mondschein flicht
Schwermütig seinen Kranz in Tod und Graus.
– Juchhe, Musik! Vom Tanz erbebt das Haus,
Erregt am Pfeiler klirrt mein hängend Schwert. –

Vor den Fenstern wiehert mein Pferd.

II

GRAN VALZER

Una sala chiara di candele
e suono di speroni e oro d'alamari.
Nelle mie vene pulsa il sangue.
Fanciulla mia, dammi il boccale!
E adesso al ballo! Infuria il valzer;
infiammato dal vino arde il mio petto
avido di ogni piacere non goduto.

Alle finestre nitrisce il mio cavallo.

E alle finestre la notte ammanta
l'oscuro campo. Ci porta di lontano
il vento un echeggiare di cannoni.
Ancora un'ora prima della battaglia!
– Danza più svelto, tesoro, il tempo
dilegua e la tempesta piega i giunchi
che saranno il mio letto questa notte.

Forse letto di morte. – Evviva musica!
Con sorsi ardenti beve il mio sguardo
la bella giovane e rossa vita,
beve senza saziarsi alla sua luce.
Ancora un ballo! Come si estingue con lo splendore
delle candele suono e passione, intreccia mesto
il raggio lunare la sua corona di morti amare.
– Evviva musica! Alla danza vacilla la casa,
strepita concitata la spada alla colonna. –

Alle finestre nitrisce il mio cavallo.

[Traduzione di Mario Specchio]

III

BERCEUSE

Sing mir dein liebes Wiegenlied!
Seit meine Jugend von mir schied,
Mag ich so gern die Weise hören.
Komm zu mir, süsser Wunderklang,
Nur du kannst noch die Nacht entlang
Mein ruheloses Herz betören.

Leg mir aufs Haar die schmale Hand
Und lass von unsrem Heimatland,
Von totem Ruhm und Glück uns träumen.
Gleich einem Stern, der einsam zieht,
Soll flackerhell dein Märchenlied
Die Nächte meiner Schwermut säumen.

Und stelle mir zu Häupten doch
Den Rosenstrauss! Er duftet noch
Und träumt sich heimwärts wehbeklommen.
Ich bin ja auch so welk und schwank,
Gebrochen und am Heimweh krank,
Und kann nicht mehr nach Hause kommen.

III

BERCEUSE

Cantami la tua soave ninna nanna!
Da quando mi abbandonò la giovinezza
ho tanto desiderato udirne il canto.
Ritorna a me dolce melodia,
soltanto tu puoi ancora affascinare
il cuore inquieto nelle lunghe notti.

Posami sui capelli la mano tua sottile,
sogniamo insieme della nostra patria
della gloria di un tempo e della gioia.
Come una stella che vaga solitaria
risplenderà il canto tuo di fiaba
all'orlo delle mie notti malinconiche.

E incorona la mia fronte con ghirlanda
di rose! Il suo profumo sogna
la patria, ottenebrato dal dolore.
Io sono ormai esausto e vacillante
fiaccato ed ammorbato di nostalgia
e non potrò mai più tornare a casa.

[Traduzione di Mario Specchio]

ICH BIN EIN STERN

Ich bin ein Stern am Firmament,
Der die Welt betrachtet, die Welt verachtet,
Und in der eignen Glut verbrennt.

Ich bin das Meer, das nächtens stürmt,
Das klagende Meer, das opferschwer
Zu alten Sünden neue türmt.

Ich bin von Eurer Welt verbannt
Vom Stolz erzogen, vom Stolz belogen,
Ich bin der König ohne Land.

Ich bin die stumme Leidenschaft,
Im Haus ohne Herd, im Krieg ohne Schwert,
Und krank an meiner eignen Kraft.

SONO UNA STELLA

Sono una stella del firmamento
che osserva il mondo, disprezza il mondo
e si consuma nel proprio ardore.

Io sono il mare di notte in tempesta
il mare urlante che accumula nuovi
peccati e agli antichi rende mercede.

Sono dal vostro mondo esiliato
di superbia educato, dalla superbia frodato,
io sono il re senza corona.

Son la passione senza parole
senza pietre del focolare, senz'arma nella guerra,
è la mia stessa forza che mi ammala.

[Traduzione di Mario Specchio]

JUGENDFLUCHT

Der müde Sommer senkt das Haupt
Und schaut sein falbes Bild im See.
Ich wandle müde und bestaubt
Im Schatten der Allee.

Durch Pappeln geht ein zager Wind,
Der Himmel hinter mir ist rot,
Und vor mir Abendängste sind
– Und Dämmerung – und Tod.

Ich wandle müde und bestaubt,
Und hinter mir bleibt zögernd stehn
Die Jugend, neigt das schöne Haupt
Und will nicht fürder mit mir gehn.

FUGA DI GIOVINEZZA

La stanca estate china il capo,
specchia nell'acqua il biondo volto.
Io vado stanco e impolverato
nel viale d'ombra folto.

Soffia tra i pioppi una leggera
brezza. Ho alle spalle il cielo rosso,
di fronte l'ansia della sera
– e il tramonto – e la morte.

E vado stanco e impolverato
e dietro a me resta esitante
la giovinezza, china il capo
e non vuol più seguirmi avanti.

[Traduzione di Jaime Pintor]

1899 - 1902

NOCTURNE

Chopins Nocturne Es-dur. Der Bogen
Des hohen Fensters stand voll Licht.
Auch deinem ernsten Angesicht
War eine Glorie angeflogen.

In keiner Nacht hat so mich wieder
Der stille Silbermond berührt,
Dass ich im Innersten verspürt
Unnennbar süss ein Lied der Lieder.

Du schwiegst. Auch ich; die stumme Ferne
Verrann im Licht. Kein Leben war
Als nur im See ein Schwänepaar
Und über uns der Lauf der Sterne.

Du tratest in den Fensterbogen,
Um deine ausgestreckte Hand
War dir vom Mond ein Silberrand
Und um den schmalen Hals gezogen.

NOTTURNO

Notturno di Chopin in mi bemolle.
L'arco della finestra colmo di luce.
Ed anche sul tuo volto compassato
un'aureola in volo si è adagiata.

In nessun'altra notte mi ha toccato
il silenzioso argento della luna
così che nel profondo inesprimibile
dolce ho avvertito un cantico dei cantici.

Tacevi. Anch'io; la muta lontananza
si dissolveva in luce. Nessun segno
di vita, se non nel lago una coppia di cigni
e su di noi il corso delle stelle.

La tua figura si stagliò nell'arco
della finestra e dalla luna un bordo
argenteo avvolse l'esile tuo collo
e la mano distesa.

[Traduzione di Mario Specchio]

SPÄTBLAU

O reine, wundervolle Schau,
Wenn du aus Purpurrot und Gold
Dich ebnest friedvoll, ernst und hold,
Du leuchtendes Späthimmelblau!

Du mahnst an eine blaue See,
Darauf das Glück vor Anker hält
Zu seliger Rast. Vom Ruder fällt
Der letzte Tropfen Erdenweh.

AZZURRO DELLA SERA

O pura visione tutta incanti,
quando da porpora e d'oro, sereno
amabile grave, tu cielo
di luce della sera ti dilati.

Tu ricordi un mare azzurro
dove felicità è alla fonda
per una quiete beata. Dal remo sgocciola
l'ultima stilla di terrestre cruccio.

[Traduzione di Roberto Fertonani]

IN DER NACHT

An dem Gedanken bin ich oft erwacht,
Dass jetzt ein Schiff geht durch die kühle Nacht
Und Meere sucht und nach Gestaden fährt,
Nach denen heisse Sehnsucht mich verzehrt.
Dass jetzt an Orter, die kein Seemann kennt,
Ein rotes Nordlicht ungesehen brennt.
Dass jetzt ein schöner fremder Frauenarm
Sich liebesuchend presst in Kissen weiss und warm.
Dass einer, der zum Freund mir war bestimmt,
Jetzt fern im Meer ein dunkles Ende nimmt.
Dass meine Mutter, die mich nimmer kennt,
Vielleicht im Schlaf jetzt meinen Namen nennt.

DI NOTTE

Oh quante volte mi svegliò il pensiero
che or nella notte naviga un veliero
alla ricerca di sponde marine
che la mia brama vorrebbe vicine...
che in uno a tutti sconosciuto sito
arde una rossa aurora boreale...
che un braccio femminil bello, tornito,
brucia d'amor sul candido guanciale...
che un amico a me dato dalla sorte
ghermito è lungi in mar da oscura morte...
che ora la mamma mia, seppur non mi ama,
forse nel sonno per nome mi chiama.

[Traduzione di Ervino Pocar]

DIE ZYPRESSEN VON SAN CLEMENTE

Wir biegen flammend schlanke Wipfel im Wind,
Wir schauen Gärten, welche voll Frauen sind
Und voll Spiel und Gelächter. Wir schauen Gärten,
Wo Menschen geboren und wieder begraben werden.

Wir sehen Tempel, welche vor vielen Jahren
Voll von Göttern und voll von Betenden waren.
Aber die Götter sind tot und die Tempel sind leer
Und im Grase liegen gebrochene Säulen umher.

Wir sehen Täler und sehen silberne Weiten,
Wo Menschen sich freuen, müde werden und leiden,
Wo Reiter reiten und Priester Gebete sagen,
Wo Geschlechter und Brüder einander zu Grabe tragen.

Aber des Nachts, wenn die grossen Stürme kommen,
Werden wir traurig und bücken uns todbeklommen,
Stemmen die Wurzeln angstvoll und warten leise,
Ob der Tod uns erreiche, oder vorüberreise.

I CIPRESSI DI SAN CLEMENTE

Curviamo nel vento agili cime, fuochi,
vediamo giardini pieni di donne, di giochi
e di liete risa. Vediamo ancora gli orti
dove gli uomini nascono e poi ritornano morti.

Vediamo templi che in anni ora remoti
erano pieni di dèi e di fedeli oranti.
Ma gli dèi sono morti e i templi sono vuoti
e giacciono in mezzo all'erba i colonnati infranti.

Distese inargentate, valli a noi sono note
dove l'uomo è felice, poi si stanca e soccombe,
dove va il cavaliere e prega il sacerdote,
dove fratelli e stirpi si accompagnano alle tombe.

Ma la sera, quando vengono le tempeste,
in mortale angoscia noi ci chiniamo, mesti,
puntiamo le radici e aspettiamo tremanti
se la morte ci colga oppure passi avanti.

[Traduzione di Jaime Pintor]

EINSAME NACHT

Die ihr meine Brüder seid,
Arme Menschen nah und ferne,
Die ihr im Bezirk der Sterne
Tröstung träumet eurem Leid,
Die ihr wortelos gefaltet
In die blass gestirnte Nacht
Schmale Dulderhände haltet,
Die ihr leidet, die ihr wacht,
Arme, irrende Gemeinde,
Schiffer ohne Stern und Glück –
Fremde, dennoch mir Vereinte,
Gebt mir meinen Gruss zurück!

NOTTE SOLITARIA

O voi che siete i miei fratelli,
tristi creature vicine e lontane,
voi che sognate di raddolcire
la vostra pena in un giro di stelle,
voi che prostrati senza parole
offrite esili mani pazienti
allo stellato pallore notturno,
voi che soffrite, voi che vegliate,
misero gregge senza una meta,
battelli senza stella e senza sorte –
stranieri eppure a me così congiunti,
voi ricambiatemi il saluto!

[Traduzione di Mario Specchio]

1903 - 1910

GONDEL

Bläue über dir und Sonnenglut,
Unter dir die ewig stille Flut,
Auf dem schlanken, leichtbewegten Kiel
Trägst du Saitenklang und Liebesspiel.

Schwarz und ernst sind deine leichten Wände
Süss, solang das frohe Heute loht,
Süss und seltsam ist der Traum vom Tod,
Von der Jugend und der Liebe Ende.

Meine jungen Jahre gleiten
Unbekannten Zielen zu
Durch beglänzte schöne Weiten,
Schlanke Gondel, rasch und leicht wie du.

GONDOLA

Azzurro sopra di te e vampa solare,
sotto di te l'onda eterna di pace,
sulla chiglia snella che lieve si muove
porti eco di corde e gioco d'amore.

Nere e solenni le tue pareti leggere.
Dolce fino a che divampa l'oggi di gioie,
dolce e strano il sogno di morte,
di giovinezza, d'amore che si spegne.

I miei anni giovanili scivolano
verso mete sconosciute
per vastità belle di luce, gondola
snella, rapida e lieve come te.

[Traduzione di Roberto Fertonani]

IM NEBEL

Seltsam, im Nebel zu wandern!
Einsam ist jeder Busch und Stein,
Kein Baum sieht den andern,
Jeder ist allein.

Voll von Freunden war mir die Welt,
Als noch mein Leben licht war;
Nun, da der Nebel fällt,
Ist keiner mehr sichtbar.

Wahrlich, keiner ist weise,
Der nicht das Dunkel kennt,
Das unentrinnbar und leise
Von allen ihn trennt.

Seltsam, im Nebel zu wandern!
Leben ist Einsamsein
Kein Mensch kennt den andern,
Jeder ist allein.

NELLA NEBBIA

Strano, vagare nella nebbia!
È solo ogni cespuglio ed ogni pietra,
né gli alberi si scorgono tra loro,
ognuno è solo.

Pieno di amici mi appariva il mondo
quando era la mia vita ancora chiara;
adesso che la nebbia cala
non ne vedo più alcuno.

Saggio non è nessuno
che non conosca il buio
che lieve ed implacabile
lo separa da tutti.

Strano, vagare nella nebbia!
Vivere è solitudine.
Nessun essere conosce l'altro,
ognuno è solo.

[Traduzione di Mario Specchio]

FEBRUARABEND

Bläulich dämmert am Hügel hinab zum See
Matten Schimmers im Schmelzen der weiche Schnee,
In den Nebeln gestaltlos wie bleiche Träume
Schwimmen vielästige Kronen erstorbener Bäume.

Aber durchs Dorf, durch alle schlummernden Gassen
Wandelt der Nachtwind, schlendert lau und gelassen,
Rastet am Zaun und lässt in den dunklen Gärten
Und in den Träumen der Jugend Frühling werden.

SERA DI FEBBRAIO

Bluastro sul pendio del colle al lago di un bagliore
opaco è il crepuscolo di soffice neve che si scioglie,
nella nebbia labili come pallidi sogni
nuotano corone ramose di alberi morti.

Ma per il villaggio, per i vicoli immersi nel sonno
passa il vento notturno, tiepido calmo e ozioso,
posa alla siepe e negli oscuri giardini risveglia
e nei sogni dei giovani la primavera.

[Traduzione di Roberto Fertonani]

NACHT

Ich habe meine Kerze ausgelöscht;
Zum offenen Fenster strömt die Nacht herein,
Umarmt mich sanft und lässt mich ihren Freund
Und ihren Bruder sein.

Wir beide sind am selben Heimweh krank;
Wir senden ahnungsvolle Träume aus
Und reden flüsternd von der alten Zeit
In unsres Vaters Haus.

NOTTE

Ho spento il lume; la finestra aperta
ora la notte nel suo flutto bagna,
mi abbraccia mite come una sorella
e come una compagna.

Eguale nostalgia ci ammala e sogni
che sembrano presagi: con alterna
voce parliamo degli antichi giorni
nella casa paterna.

[Traduzione di Jaime Pintor]

WINDIGER TAG IM JUNI

(Friz Brun gewidmet)

Der See starrt wie Glas,
Am steilen Hügelhang
Weht silbern das dünne Gras.

Jammernd und todesbang
Schreit ein Kiebitz in der Luft,
Taumelt in zuckenden Bogen.

Vom anderen Ufer herübergeflogen
Kommt Sensengeläut und sehnlicher Wiesenduft.

GIORNO VENTOSO DI GIUGNO

(Dedicata a Friz Brun)

Spianato è il lago come cristallo –
sull'erta, al vento,
morbida ondeggia l'erba d'argento.

In solitaria
ansia mortale, piange nell'aria,
guizza un vanello.

Dall'altra riva,
tra suon di falci, di odor di fieni
(oh nostalgia!) un'onda arriva.

[Traduzione di Ervino Pocar]

DER DICHTER

(Hilde Schoeck gewidmet)

Nur mir dem Einsamen
Scheinen des Nachts die unendlichen Sterne,
Rauscht der steinerne Brunnen sein Zauberlied,
Mir allein, mir dem Einsamen
Ziehen die farbigen Schatten
Wandernder Wolken Träumen gleich übers Gefild.
Nicht Haus noch Acker ist,
Nicht Wald noch Jagd noch Gewerb mir gegeben,
Mein ist nur, was keinem gehört,
Mein ist stürzender Bach hinterm Waldesschleier,
Mein das furchtbare Meer,
Mein der spielenden Kinder Vogelgeschwirre,
Träne und Lied einsam Verliebter am Abend.
Mein auch sind die Tempel der Götter, mein ist
Der Vergangenheit ehrwürdiger Hain.
Und nicht minder der Zukunft
Lichtes Himmelsgewölbe ist meine Heimat:
Oft in Flügen der Sehnsucht stürmt meine Seele empor,
Seliger Menschheit Zukunft zu schauen,
Liebe, Gesetz besiegend, Liebe von Volk zu Volk
Alle find ich sie wieder, edel verwandelt:
Landmann, König, Händler, emsiges Schiffervolk,
Hirt und Gärtner, sie alle
Feiern dankbar der Zukunft Weltfest.
Einzig der Dichter fehlt,
Er, der vereinsamt Schauende,
Er, der Menschensehnsucht Träger und bleiches Bild,
Dessen die Zukunft, dessen die Welterfüllung

IL POETA

(Dedicata a Hilde Schoeck)

Solo a me, il solitario
splendono della notte le infinite stelle,
mormora la fonte di pietra il suo canto malioso,
solo a me, il solitario,
traggono le ombre colorate
di nuvole vaganti sogni fin sopra i campi.
Non mi fu data casa né terra,
non bosco né bandita né mestiere, mio è soltanto
ciò che a nessuno appartiene,
mio è il ruscello gorgogliante dietro il velo dei boschi,
mio il mare spaventoso,
mio il cinguettare dei giochi infantili,
lacrime e canti di amanti solitari nella sera.
Miei sono anche i templi degli dei,
mio il boschetto sacro del passato.
E non meno la celeste arcata del futuro
è la mia patria limpida:
spesso alata dalla nostalgia l'anima mia s'innalza
a scrutare il futuro di un'umanità beata,
amore, trionfante sulla legge, amore da popolo a popolo.
Tutti io ritrovo, nobilmente trasmutati:
villico, re, mercante, ciurma solerte,
pastore e giardiniere, ed essi tutti
festeggian grati la festa universale del futuro.
Solo il poeta manca,
lui, il contemplatore solitario,
lui, epiforo dell'umana nostalgia e smorta immagine
di cui non il futuro, non il mondo

Nicht mehr bedarf. Es welken
Viele Kränze an seinem Grabe,
Aber verschollen ist sein Gedächtnis.

per il suo compimento ha più bisogno.
Appassiscono molte ghirlande sulla sua tomba
ma il ricordo di lui si è già dissolto.

[Traduzione di Mario Specchio]

GLÜCK

(Otto und Anna Rosenfeld gewidmet)

Solang du nach dem Glücke jagst,
Bist du nicht reif zum Glücklichsein,
Und wäre alles Liebste dein.

Solang du um Verlornes klagst
Und Ziele hast und rastlos bist,
Weisst du noch nicht, was Friede ist.

Erst wenn du jedem Wunsch entsagst,
Nicht Ziel mehr noch Begehren kennst,
Das Glück nicht mehr mit Namen nennst,

Dann reicht dir des Geschehens Flut
Nicht mehr ans Herz, und deine Seele ruht.

FELICITÀ

(Dedicata a Otto e Anna Rosenfeld)

Felicità: finché dietro a lei corri
non sei maturo per esser felice,
pur se quanto è più caro tuo si dice.

Finché tu piangi un tuo bene perduto,
e hai mete, e inquieto t'agiti e pugnace,
tu non sai ancora che cos'è la pace.

Solo quando rinunzi ad ogni cosa,
né più mete conosci né più brami,
né la felicità più a nome chiami,

allora al cuor non più l'onda affannosa
del tempo arriva, e l'anima tua posa.

[Traduzione di Bruno Arzeni]

UNTERWEGS

Und da ich über Wolken hoch am Berg
In leichten Lüften schritt und stieg,
Tat sich das Reich der Toten vor mir auf:
Von tausend fernen Ahnen ein Gewölk,
Ein Flimmerblitz unzähliger Geister.
Und wunderlich ergriff mich die Erkenntnis,
Dass ich kein Einzelner, kein Fremder bin,
Dass meine Seele, meiner Augen Blick,
Mein Mund und Ohr und meiner Schritte Takt
Nicht neu und nicht mein Eigen sind,
Auch nicht mein Wille, der mir Herr erschien.

Ein Strahl bin ich des Lichts, ein Blatt am Baum
Unzähliger Geschlechter, deren frühe Völker
In Wäldern lebten und auf Wanderung,
Und andrer, die von Krieg zu Krieg getobt,
Und wieder andrer, deren Wohnungen
Von Edelholz und Gold und Schmuck gebaut
In schönen Städten wundersam erglänzten.

Von ihnen her bis auf den stillen Blick
Den meine Mutter hatte, die mir starb,
Ist alles nur ein unentrinnbar sichrer Weg
Zu mir gewesen, und derselbe Weg
Führt von mir weg in uferlose Zeiten
Zu Menschen, deren ferner Ahn ich bin
Und deren Leben meines in sich schliesst.

Und da ich über Wolken hoch am Berg
In leichten Lüften schritt, ward mir mein Leben,

PER VIA

E quando fui salito sulle nuvole
in alto alla montagna in arie chiare,
il regno dei morti si aprì dinanzi a me:
di mille antichi avi una tregenda,
un balenio di spiriti guizzanti.
E mi afferrò bizzarra l'intuizione
che io non sono un singolo, un estraneo,
che la mia anima, lo sguardo dei miei occhi,
la mia bocca, l'orecchio, la cadenza dei passi
non sono nuovi e non soltanto miei
né la mia volontà che reputai sovrana.

Un raggio della luce io sono, una foglia sull'albero
di stirpi innumerevoli le cui genti
antiche vissero in boschi e in migrazione,
ed altri scatenati di guerra in guerra
ed altri ancora dei quali le dimore
costruite con oro e legno raro
nelle belle città si eressero splendenti.

Da loro sino allo sguardo silenzioso
che mia madre ebbe nel morirmi
è stato solo un certo e inarrestabile
cammino sino a me ed è lo stesso
cammino che mi porta alla deriva
dei tempi verso uomini di cui
sono avo remoto e ne contengo nella mia la vita.

E quando fui salito sulle nuvole
in alto alla montagna in arie chiare, si fece la mia vita

Mein schauend Auge und mein schlagend Herz
Ein köstlich Lehen, das ich dankbar trug,
Doch dessen Wert und Schönheit mir nicht eignet
Und darum nicht vergeht.
Und leise flog·
Die kühle Höhenluft mir um die Stirn.

e il mio occhio che scruta e il cuore che batte,
un feudo inestimabile che grato io detenevo
senza essere per questo possessore
del suo valore e della sua bellezza che perciò non passa.
Ed aleggiò sulla mia fronte,
lieve, la fredda brezza delle cime.

[Traduzione di Mario Specchio]

1911 - 1918

AUF WANDERUNG

Dem Andenken Knulps

Sei nicht traurig, bald ist es Nacht,
Da sehn wir über dem bleichen Land
Den kühlen Mond, wie er heimlich lacht,
Und ruhen Hand in Hand.

Sei nicht traurig, bald kommt die Zeit,
Da haben wir Ruh. Unsre Kreuzlein stehen
Am hellen Strassenrande zu zweit,
Und es regnet und schneit,
Und die Winde kommen und gehen.

IN CAMMINO

(Alla memoria di Knulp)

Non esser triste, presto sarà notte,
e sul paese pallido vedremo
fresca la luna sorridere furtiva
e poseremo, mano nella mano.

Non esser triste, presto verrà il tempo
che avremo pace. Le nostre croci stanno
a due sul margine lucente della via,
e piove e nevica
e il vento viene e va.

[Traduzione di Mario Specchio]

DER BLÜTENZWEIG

Immer hin und wider
Strebt der Blütenzweig im Winde,
Immer auf und nieder
Strebt mein Herz gleich einem Kinde
Zwischen hellen, dunkeln Tagen,
Zwischen Wollen und Entsagen.

Bis die Blüten sind verweht
Und der Zweig in Früchten steht,
Bis das Herz, der Kindheit satt,
Seine Ruhe hat
Und bekennt: voll Lust und nicht vergebens
War das unruhvolle Spiel des Lebens.

LA FIORITA RAMA

Col vento, contro il vento,
s'agita sempre la fiorita rama;
sempre tra giorni chiari e giorni oscuri,
tra volere e svolere,
simile a un bimbo s'agita il mio cuore.

Finché, caduti i fiori,
la rama è ferma, carica di frutti;
finché il cuore, di fanciullezza sazio,
ha la sua pace, e sa:
pien di gioia e non vano
era l'inquieto gioco della vita.

[Traduzione di Diego Valeri]

ELEGIE IM SEPTEMBER

Feierlich leiert sein Lied in den düsteren Baümen der
[Regen,
Über dem Waldgebirg weht schon erschauerndes Braun.
Freunde, der Herbst ist nah, schon äugt er lauernd am
[Wald hin;
Leer auch starret das Feld, nur von den Vögeln besucht.
Aber am südlichen Hang reift blau am Stabe die
[Traube,
Glut und heimlichen Trost birgt ihr gesegneter Schoss.
Bald wird alles, was heut noch in Saft und rauschendem
[Grün steht,
Bleich und frierend vergehn, sterben in Nebel und
[Schnee;
Nur der wärmende Wein und bei Tafel der lachende
[Apfel
Wird noch vom Sommer und Glanz sonniger Tage
[erglühn.
So auch altert der Sinn uns und kostet im zögernden
[Winter,
Dankbar der wärmenden Glut, gern der Erinnerung
[Wein,
Und von zerronnener Tage verflatterten Festen und
[Freuden
Geistern in schweigendem Tanz selige Schatten durchs
[Herz.

ELEGIA DI SETTEMBRE

Sonora arpeggia e canta tra gli alberi foschi la pioggia;
sopra il selvoso monte scorron brividi bruni.
Ecco, amici, l'autunno che al bosco s'affaccia spiando;
nel campo vuoto e immoto più non c'è che gli uccelli.
Ma sul meridionale declivio già il grappolo invaia,
e il sacro fuoco e il caro conforto in sé matura.
Tutto ciò ch'oggi è verde e in succhio stormisce,
[tra poco
sarà spento e gelato, morto fra nebbie e nevi;
solo il vin caloroso e il pomo che in tavola ride
rosseggeranno ancora dello splendor d'estate.
Così invecchia a noi pure il senso, e, appressandosi il
[verno,
assaporiamo il grato vino delle memorie,
mentre l'ombre beate dei giorni e dei giochi svaniti
in silenziosa danza ci attraversano il cuore.

[Traduzione di Diego Valeri]

ODE AN HÖLDERLIN

Freund meiner Jugend, zu dir kehr ich voll Dankbarkeit
Manchen Abend zurück, wenn im Fliedergebüsch
Des entschlummerten Gartens
Nur der rauschende Brunnen noch tönt.

Keiner kennt dich, o Freund; weit hat die neuere Zeit
Sich von Griechenlands stillen Zaubern entfernt,
Ohne Gebet und entgöttert
Wandelt nüchtern das Volk im Staub.

Aber der heimlichen Schar innig Versunkener,
Denen der Gott die Seele mit Sehnsucht schlug,
Ihr erklingen die Lieder
Deiner göttlichen Harfe noch heut.

Sehnlich wenden wir uns, vom Tag Ermüdete,
Der ambrosischen Nacht deiner Gesänge zu,
Deren wehender Fittich
Uns beschattet mit goldenem Traum.

Ach, und glühender brennt, wenn dein Lied uns [entzückt,
Schmerzlicher brennt nach der Vorzeit seligem Land,
Nach den Tempeln der Griechen
Unser ewiges Heimweh auf.

ODE A HÖLDERLIN

Amico della mia giovinezza, ritorno a te colmo di
[gratitudine
in certe sere quando nel cespuglio di lillà
del giardino assopito
solo risuona il mormorar del fonte.

Nessuno ti conosce, amico, il nostro tempo ha
[abbandonato
da molto i silenziosi incanti della Grecia,
empio e dissacrato
il popolo vagabonda nella polvere.

Ma la segreta schiera dei posseduti
ai quali il dio l'anima flagellò di nostalgia,
per loro risuonano ancor oggi
i canti dell'arpa tua divina.

Spossati dal giorno ci protendiamo avidi
alla notturna ambrosia dei tuoi canti,
la cui ala flottante
ci ombreggia con sogno dorato.

Ah, ardente divampa quando ci ammalia il tuo canto,
dolorosa divampa e inestinguibile la nostra nostalgia
del beato paese di un tempo,
dei templi dei Greci.

[Traduzione di Mario Specchio]

IM GRASE LIEGEND

Ist dies nun alles, Blumengaukelspiel
Und Farbenflaum der lichten Sommerwiese,
Zartblau gespannter Himmel, Bienensang,
Ist dies nun alles eines Gottes
Stöhnender Traum,
Schrei unbewusster Kräfte nach Erlösung?
Des Berges ferne Linie,
Die schön und kühn im Blauen ruht,
Ist denn auch sie nur Krampf,
Nur wilde Spannung gärender Natur,
Nur Weh, nur Qual, nur sinnlos tastende,
Nie rastende, nie selige Bewegung?
Ach nein! Verlass mich du, unholder Traum
Vom Leid der Welt!
Dich wiegt ein Vogelruf,
Ein Windhauch auf, der mir die Stirn
Mit Schmeicheln kühlt.
Verlass mich du, uraltes Menschenweh!
Mag alles Qual,
Mag alles Leid und Schatten sein.
Doch diese eine süsse Sonnenstunde nicht,
Und nicht der Duft vom roten Klee,
Und nicht das tiefe, zarte Wohlgefühl
In meiner Seele.

CORICATO SULL'ERBA

Girandole di fiori e colorato
vello dei chiari prati estivi,
tenero azzurro del disteso cielo
e sussurro dell'api:
tutto questo non è dunque che il sogno
angoscioso d'un dio,
il grido di una forza bruta
che a liberarsi intende?
La bella curva del monte, che posa
laggiù sopra l'azzurro,
non è dunque che l'urgere selvaggio
d'una natura levitante; solo
il moto d'un costretto affanno,
un brancolare cieco e senza posa!
Oh, lasciami tu, sogno pauroso,
tu, dolore del mondo!
Nel fulgor della sera ti addormenta
una danza d'insetti,
un gridetto di uccello, e questo fiato
di vento che mi passa su la fronte
la sua fresca carezza.
Lasciami, antico dolore dell'uomo!
Forse ogni cosa è male, ombra, tormento;
ma non già questa dolce ora di sole,
non questo olezzo del rosso trifoglio,
non la felicità tenera e fonda
che nell'anima chiudo.

[Traduzione di Diego Valeri]

LÄNDLICHER FRIEDHOF

Über schiefen Kreuzen Efeuhang,
Sanfte Sonne, Duft und Bienensang.

Selig ihr, die ihr geborgen liegt,
An der guten Erde Herz geschmiegt!

Selig, die ihr sanft und namenlos,
Heimgekehrte, ruht im Mutterschoss!

Aber horch: aus Bienenflug und Blust
Atmet Lebensgier und Daseinslust,

Aus der Tiefe Wurzelträumen bricht
Längst erloschener Wesen Drang ans Licht,

Lebenstrümmer dunkel eingescharrt
Wandeln sich und heischen Gegenwart,

Und die Erdenmutter königlich
Rührt in drängenden Geburten sich.

Nein, der Friedenshort im Grabesschacht
Wiegt nicht schwerer als ein Traum der Nacht;

Trüber Rauch nur ist der Traum vom Tod,
Unter dem des Lebens Feuer loht.

CIMITERO CAMPESTRE

L'edera pende sopra croci storte,
sole mite, profumo, api canore.

Beati voi, nel rifugio che vi serra
stretti al cuore della buona terra.

Beati, voi che giacete senza nome in pace,
tornati a casa, nel grembo della madre.

Ma ascolta: dal volo d'api, mentre tutto fiorisce
respira voglia di vita e gioia d'esistere,

dalle radici profonde dei sogni verso la luce
erompe lo slancio di estinte creature,

macerie di vita sepolte nelle tenebre
si trasformano per esigere il presente,

e la madre terra da regina si muove
per l'urgere di nascite nuove.

No, nella fossa non ti culla questo rifugio
di pace più greve di un sogno notturno;

il sogno di morte è solo fumo torbido,
sotto divampa la vita, il suo fuoco.

[Traduzione di Roberto Fertonani]

AN DIE MELANCHOLIE

Zum Wein, zu Freunden bin ich dir entflohn,
Da mir vor deinem dunklen Auge graute,
In Liebesarmen und beim Klang der Laute
Vergass ich dich, dein ungetreuer Sohn.

Du aber gingest mir verschwiegen nach
Und warst im Wein, den ich verzweifelt zechte,
Warst in der Schwüle meiner Liebesnächte
Und warest noch im Hohn, den ich dir sprach.

Nun kühlst du die erschöpften Glieder mir
Und hast mein Haupt in deinen Schoss genommen,
Da ich von meinen Fahrten heimgekommen:
Denn all mein Irren war ein Weg zu dir.

ALLA MALINCONIA

Nel vino e negli amici ti ho sfuggita,
poiché dei tuoi occhi cupi avevo orrore,
io figlio tuo infedele ti obliai
in braccia amanti, nell'onda del fragore.

Ma tu mi accompagnavi silenziosa,
eri nel vino ch'io bevvi sconsolato,
eri nell'ansia delle mie notti d'amore
perfino nello scherno con cui ti ho dileggiata.

Ora conforti tu le membra mie spossate,
hai accolto sul tuo grembo la mia testa
ora che dai miei viaggi son tornato:
giacché ogni mio vagare era un venire a te.

[Traduzione di Mario Specchio]

WEG NACH INNEN

Wer den Weg nach innen fand,
Wer in glühndem Sichversenken
Je der Weisheit Kern geahnt,
Dass sein Sinn sich Gott und Welt
Nur als Bild und Gleichnis wähle:
Ihm wird jedes Tun und Denken
Zwiegespräch mit seiner eignen Seele,
Welche Welt und Gott enthält.

LA VIA INTERIORE

Chi già trovò la via interiore,
chi col suo intimo fervore
ravvisò il nocciolo del vero:
che la sua mente sceglie il mondo e Dio
soltanto come simbolo e figura,
vedrà ogni fatto, ogni pensiero
colloquiar col proprio io
che Dio contiene e il mondo intero.

[Traduzione di Ervino Pocar]

ERWACHEN IN DER NACHT

Mond vom Fenster weckte mich,
Schlafbeschwerte Augen ringen,
In der Blässe feierlich
Ahn ich neue Träume schwingen.

Da und dort ein Hell und Weiss,
Hinter allem blaue Schwärzen,
Glasig spiegelndes Gegleiss,
Teufelsschwanz und fromme Kerzen.

Aus dem Hell und Dunkel baut
Traumgeist schweigende Paläste,
Block und Beil, bekränzte Braut,
Tänzerinnen, Räusche, Feste.

Und die Seele reisst entzückt
An den morschen Wirklichkeiten,
Um hinüber neu beglückt
In ihr eignes Reich zu gleiten.

RISVEGLIO DI NOTTE

La luna dalla finestra mi ha svegliato,
si sforzano, grevi di sonno, gli occhi,
solenni, in un barlume pallido,
sento alitare sogni nuovi.

Qua e là un bianco chiarore
dietro tutto un nero celeste,
si specchia un vitreo bagliore
coda di diavolo e devote candele.

Lo spirito del sogno palazzi taciti
dalla zona chiara e scura aderge,
ceppo e scure, sposa incoronata
danzatrici, ebbrezze, feste.

E l'anima in estasi abbatte
realtà imputridite,
per scorrere nel suo reame
rinnovata in sé, felice.

[Traduzione di Roberto Fertonani]

BRUDER TOD

Auch zu mir kommst du einmal,
Du vergisst mich nicht,
Und zu Ende ist die Qual,
Und die Kette bricht.

Noch erscheinst du fremd und fern,
Lieber Bruder Tod,
Stehest als ein kühler Stern
Über meiner Not.

Aber einmal wirst du nah
Und voll Flammen sein –
Komm, Geliebter, ich bin da,
Nimm mich, ich bin dein.

SORELLA MORTE

Anche da me giungerai un giorno,
non mi dimentichi,
s'infrange la catena
ed il tormento avrà una fine.

Sembri ancora lontana ed estranea
sorella morte,
sovrasti come stella gelida
al mio destino.

Ma un giorno ti farai vicina,
ricolma di fiamme sarai.
Vieni, amata, sono qui,
prendimi, sono tuo.

[Traduzione di Mario Specchio]

ANGST IN DER NACHT

Die Uhr spricht ängstlich mit dem Spinnweb an der
Am Laden reisst der Wind, [Wand,
Meine flackernden Kerzen sind
Ganz vertropft und heruntergebrannt,
Kein Wein im Glase mehr,
Schatten in allen Ecken,
Deren lange Finger sich nach mir strecken.

Wie in der Kinderzeit
Schliess ich die Augen und atme schwer,
Angst hält mich kauernd im Stuhl gefangen.
Aber keine Mutter kommt mehr,
Keine gute, scheltende Magd mehr gegangen,
Die mich am Arm nimmt und mir die schreckliche Welt
Freundlich entzaubert und neu mit Trost erhellt.
Lange bleib ich im Finstern kauern,
Höre den Wind im Dach und den knisternden Tod
[in den Mauern,
Höre Sand hinter Tapeten rinnen,
Höre den Tod mit frierenden Fingern spinnen,
Reisse die Augen auf, will ihn sehen und greifen,
Sehe ins Leere und höre ihn fern
Aber Schlaf ist ein scheuer Vogel geworden,
Aus den spöttischen Lippen leise pfeifen,
Taste zum Bett – schliefe, schliefe so gern!
Aber Schlaf ist ein scheuer Vogel geworden
Reisse die Augen auf, will ihn sehen und greifen,
Schwer zu fangen, zu halten, doch leicht zu morden;
Pfeifend fährt er, die Stimme voll bittrem Hohn,
Sausenden Fluges im zerrenden Winde davon.

PAURA NELLA NOTTE

Agghiacciante colloquio di orologio e ragnatela alla
il vento sembra svellere le imposte, [parete,
le mie candele vacillanti sono
già bruciate e consunte.
Non c'è più vino nel bicchiere
ombre in ogni angolo
che protendono verso me le lunghe dita.

Come nel tempo della fanciullezza
chiudo gli occhi e respiro con affanno,
sulla seggiola mi trattiene la paura rannicchiato.
Ma non giunge la madre,
non la buona fanciulla che sgridava
e prendendomi in braccio rischiarava per me col suo
[conforto
il mondo dolcemente dissolvendo il maleficio.
A lungo me ne resto rannicchiato nella tenebra,
odo il vento sul tetto, scricchiolare la morte nei muri,

odo sabbia colare dietro i tappeti
odo la morte tessere con dita di gelo,
spalanco gli occhi, vorrei vederla, afferrarla,
guardo nel vuoto e la sento lontana
sibilar piano con labbra beffarde,
brancolo a letto. Oh se potessi dormire!
Ma il sonno è un timido uccello
difficile a prendere, a tenersi, facile ucciderlo;
fischiando compie, colma la voce di amaro scherno,
il volo suo ronzante nel vento furioso.

[Traduzione di Mario Specchio]

1919 - 1928

VERGÄNGLICHKEIT

Vom Baum des Lebens fällt
Mir Blatt um Blatt,
O taumelbunte Welt,
Wie machst du satt,
Wie machst du satt und müd,
Wie machst du trunken!
Was heut noch glüht,
Ist bald versunken.
Bald klirrt der Wind
Über mein braunes Grab,
Über das kleine Kind
Beugt sich die Mutter herab.
Ihre Augen will ich wiedersehen,
Ihr Blick ist mein Stern.
Alles andre mag gehn und verwehn,
Alles stirbt, alles stirbt gern,
Nur die ewige Mutter bleibt,
Von der wir kamen,
Ihr spielender Finger schreibt
In die flüchtige Luft unsre Namen.

TRANSITORIETÀ

Foglia su foglia piove
l'albero della vita.
O colorato mondo,
come sazi e affatichi
il nostro cuore, come
lo sazi e inebrii!
Ciò ch'oggi è fuoco vivo
domani sarà spento.
Presto sopra il mio tumulo
bruno stormirà il vento;
sul suo piccolo figlio
si curverà la Madre.
Ch'io riveda i suoi occhi,
che sono la mia stella.
Ogni altra cosa passa,
alla morte s'affretta;
solo l'eterna Madre
sta, da cui noi venimmo.
Il suo dito lievissimo
scrive nell'aria labile
il nostro nome.

[Traduzione di Diego Valeri]

ALLE TODE

(Wilhelm Gundert gewidmet)

Alle Tode bin ich schon gestorben,
Alle Tode will ich wieder sterben,
Sterben den hölzernen Tod im Baum,
Sterben den steinernen Tod im Berg,
Irdenen Tod im Sand,
Blätternen Tod im knisternden Sommergras
Und den armen, blutigen Menschentod.

Blume will ich wieder geboren werden,
Baum und Gras will ich wieder geboren werden,
Fisch und Hirsch, Vogel und Schmetterling.
Und aus jeder Gestalt
Wird mich Sehnsucht reissen die Stufen
Zu den letzten Leiden,
Zu den Leiden des Menschen hinan.

O zitternd gespannter Bogen,
Wenn der Sehnsucht rasende Faust
Beide Pole des Lebens
Zueinander zu biegen verlangt!
Oft noch und oftmals wieder
Wirst du mich jagen von Tod zu Geburt
Der Gestaltungen schmerzvolle Bahn,
Der Gestaltungen herrliche Bahn.

TUTTE LE MORTI

(Dedicata a Wilhelm Gundert)

Ho già vissuto tutte le morti,
tutte le morti voglio ancora morire,
morire nell'albero la morte lignea,
nella montagna la morte di pietra,
nella sabbia morte di terra,
morte vegetale nell'erba crepitante dell'estate
e la misera, sanguinosa morte degli uomini.

Voglio rinascere fiore,
voglio rinascere albero ed erba,
pesce e cerbiatto, uccello e farfalla.
E da ogni forma
mi strapperà la nostalgia
in alto ai gradini dell'ultimo dolore
fin dentro il dolore umano.

Oh trepidante e teso l'arco quando
il pugno furioso del desiderio
pretende di piegare l'uno all'altro
entrambi i poli estremi della vita.
Spesse volte e tante volte ancora
mi risospingerai da morte a nascita
orbita angosciosa delle forme,
orbita radiosa delle forme.

[Traduzione di Mario Specchio]

SCHMERZEN

Im Kamin krümmt sich in Schmerzen das brennende
[Scheit,
Glutschrift läuft schaudernd ihm über die aschige
[Haut.
Draussen die Nacht stürmt feucht und leidet so laut,
Wie ein Tier in Qualen nach Tod und Erbarmen
[schreit.

Ich inmitten kaure im flackernden Licht am Kamin,
Unerträglich scheint mein Geschick der zitternden
[Seele,
Über mein Herz läuft Schauer um Schauer hin,
Feuer des Leids, in dem ich brennend mich quäle.

Wie das flammende Scheit und wie die klagende Nacht
Gibt das Herz sich aufzuckend dem grimmigen Feinde
[hin,
Jenem Leide, in dem wir ergeben und machtlos glühn,
Das uns Flamme und Scheit, Sturm und Tierschrei zu
[Brüdern macht.

TORMENTI

Nel camino tra gli spasmi si torce il ceppo che brucia,
segni di vampa scorrono con un brivido sulla cenere
[della scorza.
Fuori infuria la notte umida, soffre e ulula,
come nel tormento una bestia invoca morte e
[misericordia.

Nella fiamma che guizza sto rannicchiato al camino
non resiste, sembra, alla sorte l'anima che trema,
sul mio cuore trascorre brivido su brivido,
fuoco di dolore e nel suo ardore mi tormento.

Come il ceppo che brucia e la notte che si lamenta
si arrende il cuore con un guizzo al nemico spietato,
a quel dolore dove rassegnati e inermi avvampiamo
che noi fiamma e ceppo, bufera e grido bestiale
[affratella.

[Traduzione di Roberto Fertonani]

STEPPENWOLF

Ich Steppenwolf trabe und trabe,
Die Welt liegt voll Schnee,
Vom Birkenbaum flügelt der Rabe,
Aber nirgends ein Hase, nirgends ein Reh!
In die Rehe bin ich so verliebt,
Wenn ich doch eins fände!
Ich nähm's in die Zähne, in die Hände,
Das ist das Schönste, was es gibt.
Ich wäre der Holden so von Herzen gut,
Frässe mich tief in ihre zärtlichen Keulen,
Tränke mich voll an ihrem hellroten Blut,
Um nachher die ganze Nacht einsam zu heulen.
Sogar mit einem Hasen wär ich zufrieden,
Süss schmeckt sein warmes Fleisch in der Nacht –
Ist denn alles und alles von mir geschieden,
Was das Leben ein wenig heiterer macht?
An meinem Schwanz ist das Haar schon grau,
Auch kann ich gar nimmer deutlich sehen,
Schon vor Jahren starb meine geliebte Frau.
Und nun trab ich und träume von Rehen,
Trabe und träume von Hasen,
Höre den Wind in der Winternacht blasen,
Tränke mit Schnee meine brennende Kehle,
Trage dem Teufel zu meine arme Seele.

LUPO DELLA STEPPA

Io lupo della steppa trotto e trotto,
il mondo giace avvolto nella neve,
dalla betulla svolazza lento un corvo
ma in nessun luogo una lepre, un capriolo.
Dei caprioli son tanto innamorato,
cosa sarebbe se ne trovassi uno!
Lo prenderei tra i denti, tra le zampe,
non c'è niente di tanto inebriante.
Sarei con lui gentile, affettuoso,
i denti affonderei nei tenui lobi,
mi sazierei del sangue suo scarlatto
per poi latrare nella notte fonda.
E mi accontenterei anche di una lepre,
dolce il sapore, di notte, della sua calda carne.
Ma dunque tutto, tutto mi è negato
ciò che un poco rasserenava la mia vita?
Sulla mia coda già il pelo è incanutito
ed anche la mia vista è indebolita,
da tempo mi lasciò la mia compagna.
Ed ora trotto e sogno caprioli,
trotto e sogno di lepri mentre il vento
sibila nel gelo della notte,
la mia gola riarsa ingozza neve
e l'anima mia misera do al demonio.

[Traduzione di Mario Specchio]

1929 - 1941

LAMPIONS IN DER SOMMERNACHT

Warm in dunkler Gartenkühle
Schweben bunte Ampelreihn,
Senden aus dem Laubgewühle
Zart geheimnisvollen Schein.

Eine lächelt hell zitronen,
Rot und weisse lachen feist,
Eine blaue scheint zu wohnen
Im Geäst wie Mond und Geist.

Eine plötzlich steht in Flammen,
Zuckt empor, ist rasch verloht...
Schwestern schauern still zusammen,
Lächeln, warten auf den Tod:
Mondblau, Weingelb, Sammetrot.

LAMPIONCINI NELLA NOTTE ESTIVA

Caldi nel fresco scuro del giardino
oscillano lampioncini di tanti colori,
mandano dalle foglie, tutto un intrico,
un delicato segreto splendore.

Uno, limone chiaro, ha un sorriso,
ridono tondi, rossi e bianchi,
uno azzurro, come luna e spirito
sembra che abiti fra i rami.

Uno divampa all'improvviso,
balza in un guizzo, si spegne subito...
tutti insieme hanno un lieve brivido,
sorridono, aspettano la morte: azzurro-
luna giallovino, rossovelluto.

[Traduzione di Roberto Fertonani]

DAS LIED VON ABELS TOD

Tod in den Gräsern liegt Abel,
Bruder Kain ist entflohn.
Ein Vogel kommt, raucht den Schnabel
Ins Blut, schrickt auf, fliegt davon.

Der Vogel fliegt durch die ganze Welt,
Sein Flug ist scheu seine Stimme gellt,
Er klagt unendliche Klage:
Um den schönen Abel und seinen Todesschmerz,
Um den finsteren Kain und seine Seelennot,
Um seine eigenen jungen Tage.

Bald schiesst ihm Kain seinen Pfeil ins Herz,
Bald wird er Streit und Krieg und Tod
In alle Hütten und Städte tragen,
Wird sich Feinde schaffen und sie erschlagen,
Wird sie und sich selber verzweifelt hassen,
Wird sie und sich selber in allen Gassen
Verfolgen und quälen bis zur nächsten Welten-Nacht,
Bis Kain endlich sich selber umgebracht.

Der Vogel flieht, aus seinem blutigen Schnabel
Schreit Todesklage über die ganze Welt.
Es hört ihn Kain, es hört ihn der tote Abel,
Es hören ihn Tausend unterm Himmelszelt.
Zehntausend aber und mehr, die hören ihn nicht,
Sie wollen nichts wissen von Abels Tod,
Nichts von Kain und seiner Herzensnot,
Nichts vom Blut, das aus so vielen Wunden bricht,
Nichts vom Krieg, der noch gestern gewesen

LA CANZONE DELLA MORTE DI ABELE

Sull'erba Abele giace spento,
Caino il fratello è fuggito.
Viene un uccello, tuffa il becco
nel sangue e fugge inorridito.

L'uccello per il mondo batte l'ale
con volo pavido; la voce stride
e senza fine intona un gran lamento
sul bello Abele e il suo dolor mortale,
sul torbido Caino e il suo tormento
e sulla propria giovanile età.
Tra poco il dardo di Cain si sferra,
il quale liti spande e morte e guerra
in tutte le capanne e le città,
si crea nemici e poi li atterra,
loro e se stesso esecra, offende,
e persegue per vie diritte e torte,
finché la grande notte non discende
ed egli stesso si darà la morte.

L'uccello fugge; dal suo becco tinto
di sangue stride il lagno sopra il mondo.
Lo ode Caino, l'ode Abele estinto,
migliaia l'odono quaggiù nel fondo;
ma diecimila e più retta non danno,
non ne voglion saper del trucidato,
né di Caino, del suo grave affanno,
né delle piaghe e del sangue versato,
né della guerra combattuta ieri

Und von dem sie jetzt in Romanen lesen.
Für sie alle, die Satten und Frohen,
Die Starken und die Rohen
Gibt es nicht Kain noch Abel, nicht Tod noch Leid,
Und den Krieg preisen sie als grosse Zeit.

Und wenn der klagende Vogel vorüberfliegt,
Dann nennen sie ihn Schwarzseher und Pessimist,
Fühlen sich stark und unbesiegt
Und werfen nach dem Vogel mit Steinen,
Bis er verstummt und verschwunden ist,
Oder machen Musik, dass man ihn nicht mehr hört,
Weil seine traurige Stimme sie stört.

Der Vogel mit seinem kleinen
Blutstropfen am Schnabel fliegt von Ort zu Ort,
Seine Klage um Abel tönt fort und fort.

che ora essi leggono nei novellieri.
Per loro – sazi, in festa ed allegrezza,
e grezzi e forti –
non c'è Caino, Abele e pianti e morti:
per lor la guerra è « tempo di grandezza ».

Quando il querulo uccello passa e gracchia,
pessimista lo chiamano e cornacchia.
Forti si sentono, fanno i gradassi
e gli lanciano sassi,
finché sparendo ammutolisce.
O fanno musica per non udirlo:
la mesta voce sua li infastidisce.

Con la goccia di sangue sopra il becco
qua e là vola l'uccello, ed i suoi lai
pel morto Abele non finiscon mai.

[Traduzione di Ervino Pocar]

BLAUER SCHMETTERLING

Flügelt ein kleiner blauer
Falter vom Wind geweht,
Ein perlmutterner Schauer,
Glitzert, flimmert, vergeht.
So mit Augenblicksblinken,
So im Vorüberwehn
Sah ich das Glück mir winken,
Glitzern, flimmern, vergehn.

FARFALLA AZZURRA

Piccola, azzurra aleggia
una farfalla, il vento la agita,
un brivido di madreperla
scintilla, tremola, trapassa.
Così nello sfavillio d'un momento,
così nel fugace alitare,
vidi la felicità farmi un cenno
scintillare, tremolare, trapassare.

[Traduzione di Roberto Fertonani]

SEPTEMBER

Der Garten trauert,
Kühl sinkt in die Blumen der Regen.
Der Sommer schauert
Still seinem Ende entgegen.

Golden tropft Blatt um Blatt
Nieder vom hohen Akazienbaum.
Sommer lächelt erstaunt und matt
In den sterbenden Gartentraum.

Lange noch bei den Rosen
Bleibt er stehen, sehnt sich nach Ruh.
Langsam tut er die grossen,
Müdgewordenen Augen zu.

SETTEMBRE

Triste il giardino: fresca
scende ai fiori la pioggia.
Silenziosa trema
l'estate, declinando alla sua fine.

Gocciano foglie d'oro
giù dalla grande acacia.
Ride attonita e smorta
l'estate dentro il suo morente sogno.

S'attarda fra le rose,
pensando alla sua pace;
lentamente socchiude
i grandi occhi pesanti di stanchezza.

[Traduzione di Diego Valeri]

RÜCKGEDENKEN

Am Hang die Heidekräuter blühn,
Der Ginster starrt in braunen Besen.
Wer weiss heut noch, wie flaumiggrün
Der Wald im Mai gewesen?

Wer weiss heut noch, wie Amselsang
Und Kuckucksruf einmal geklungen?
Schon ist, was so bezaubernd klang,
Vergessen und versungen.

Im Wald das Sommerabendfest,
Der Vollmond überm Berge droben,
Wer schrieb sie auf, wer hielt sie fest?
Ist alles schon zerstoben.

Und bald wird auch von dir und mir
Kein Mensch mehr wissen und erzählen,
Es wohnen andre Leute hier,
Wir werden keinem fehlen.

Wir wollen auf den Abendstern
Und auf die ersten Nebel warten.
Wir blühen und verblühen gern
Im Gottes grossem Garten.

RICORDO DI UN TEMPO

Al pendio fioriscono le eriche,
in bruni stecchi s'erge la ginestra.
Chi ricorda ancora la lanugine verde
che in maggio rivestiva la foresta?

Chi ricorda ancora oggi come il canto
del merlo e del cucù risuonava un tempo?
Quello che era musica d'incanto
è dimenticato, perduta è la sua eco.

Nel bosco la festa della sera d'estate,
la luna piena lassù sopra il monte,
chi ne ha preso nota, chi le ha fissate?
Tutto è già disperso in polvere.

Di me e di te non ci sarà fra breve
più nessuno che sa, e che parla,
qui sarà la dimora di altra gente,
non si sentirà la nostra mancanza.

Vogliamo attendere l'astro
della sera e le prime foschie.
Fiorire e sfiorire ci è grato
nel grande giardino di Dio.

[Traduzione di Roberto Fertonani]

BESINNUNG

Göttlich ist und ewig der Geist.
Ihm entgegen, dessen wir Bild und Werkzeug sind,
Führt unser Weg; unsre innerste Sehnsucht ist:
Werden wie Er, leuchten in Seinem Licht.

Aber irden und sterblich sind wir geschaffen,
Träge lastet auf uns Kreaturen die Schwere.
Hold zwar und mütterlich warm umhegt uns Natur,
Säugt uns Erde, bettet uns Wiege und Grab;
Doch befriedet Natur uns nicht,
Ihren Mutterzauber durchstösst
Des unsterblichen Geistes Funke
Väterlich, macht zum Manne das Kind,
Löscht die Unschuld und weckt uns zu Kampf und Gewissen.
So zwischen Mutter und Vater,
So zwischen Leib und Geist
Zögert der Schöpfung gebrechlichstes Kind,
Zitternde Seele Mensch, des Leidens fähig
Wie kein andres Wesen, und fähig des Höchsten:
Gläubiger, hoffender Liebe.

Schwer ist sein Weg, Sünde und Tod seine Speise,
Oft verirrt er ins Finstre, oft wär ihm
Besser, niemals erschaffen zu sein.
Ewig aber strahlt über ihm seine Sehnsucht,
Seine Bestimmung: das Licht, der Geist.
Und wir fühlen: ihn, den Gefährdeten,
Liebt der Ewige mit besonderer Liebe.

RIFLESSIONE

Divino è lo Spirito ed eterno.
Incontro gli andiamo, strumento di Esso
ed immagine; a questo aspiriamo nell'intimo:
diventare com'Esso, brillare della sua luce.

Ma terreni noi siamo e mortali,
pigra ci preme le spalle la gravità.
Dolce bensì e materna e calda ci abbraccia Natura,
ci allatta la terra, ci accolgono culla e sepolcro;
ma la Natura non dona la pace,
e la scintilla
dello Spirito immortale e paterno trapassa
il suo incanto di madre, fa uomo l'infante,
rompe il candore, a lotta e coscienza ci chiama.

Così tra la madre ed il padre,
tra il corpo e lo Spirito
esita la creatura più fragile al mondo,
l'anima tremula umana, capace d'affanni
come nessuno, e capace del bene supremo:
fede, speranza ed amore.

Dura è la via, peccato e morte il suo cibo,
spesso si perde nel buio, e meglio sovente
sarebbe non fosse mai nata,
ma eterna la irraggia la sua nostalgia,
la sua meta: la Luce, lo Spirito.
Come (sappiamo) è sempre in periglio,
tanto più caldo a lei viene l'amor dell'Eterno.

Darum ist uns irrenden Brüdern
Liebe möglich noch in der Entzweiung,
Und nicht Richten und Hass,
Sondern geduldige Liebe,
Liebendes Dulden führt
Uns dem heiligen Ziele näher.

1933

Per questo a noi fratelli sbandati
è dato d'amare pur nei dissidi;
non odio e giudizio,
ma amore paziente,
pazienza amorosa
ci accosta al santo fine supremo.

1933

[Traduzione di Ervino Pocar]

KLAGE

Uns ist kein Sein vergönnt. Wir sind nur Strom,
Wir fliessen willig allen Formen ein:
Dem Tag, der Nacht, der Höhle und dem Dom,
Wir gehn hindurch, uns treibt der Durst nach Sein.

So füllen Form um Form wir ohne Rast,
Und keine wird zur Heimat uns, zum Glück, zur Not,
Stets sind wir unterwegs, stets sind wir Gast,
Uns ruft nicht Feld noch Pflug, uns wächst kein Brot.

Wir wissen nicht, wie Gott es mit uns meint,
Er spielt mit uns, dem Ton in seiner Hand,
Der stumm und bildsam ist, nicht lacht noch weint,
Der wohl geknetet wird, doch nie gebrannt.

Einmal zu Stein erstarren! Einmal dauern!
Danach ist unsre Sehnsucht ewig rege,
Und bleibt doch ewig nur ein banges Schauern,
Und wird doch nie zur Rast auf unsrem Wege.

LAMENTO

Non ci è dato di essere. Noi siamo
soltanto un fiume, aderiamo ad ogni forma:
al giorno ed alla notte, al duomo e alla caverna,
passiamo oltre, l'ansia di essere ci incalza.

Forma su forma riempiamo senza tregua,
nessuna ci diviene patria, gioia o pena,
sempre siamo in cammino, ospiti sempre,
non c'è campo né aratro per noi, né pane cresce.

E non sappiamo cosa Dio ci serbi,
gioca con noi, argilla nella mano,
muta e cedevole che non piange o ride,
mille volte impastata e mai bruciata.

Potessimo, una volta, farci pietra, durare!
Questa è la nostra eterna nostalgia,
ma un brivido perdura a raggelarci
e non c'è pace sulla nostra via.

[Traduzione di Mario Specchio]

SEIFENBLASEN

Es destilliert aus Studien und Gedanken
Vielvieler Jahre spät ein alter Mann
Sein Alterswerk, in dessen krause Ranken
Er spielend manche süsse Weisheit spann.

Hinstürmt voll Glut ein eifriger Student,
Der sich in Büchereien und Archiven
Viel umgetan und den der Ehrgeiz brennt,
Ein Jugendwerk voll genialischer Tiefen.

Es sitzt und bläst ein Knabe in den Halm,
Er füllt mit Atem farbige Seifenblasen,
Und jede prunkt und lobpreist wie ein Psalm,
All seine Seele gibt er hin im Blasen.

Und alle drei, Greis, Knabe und Student,
Erschaffen aus dem Maya-Schaum der Welten
Zaubrische Träume, die an sich nichts gelten,
In welchen aber lächelnd sich erkennt
Das ewige Licht, und freudiger entbrennt.

BOLLE DI SAPONE

Un vecchio d'anni carico e canuto
da studi e riflessioni ora distilla
la tarda opera sua, nel cui tessuto
come per gioco la sapienza istilla.

D'archivi e librerie conoscitore,
s'accinge uno studente, con fervore,
arso dall'ambizione, alla stesura
d'una geniale insolita scrittura.

Soffia nella cannuccia un bimbo il fiato,
empie, col cuore e tutti i sentimenti,
le bolle di sapone iridescenti,
fastose e chiare come un salmo alato.

Tutti e tre – il vecchio, l'allievo, il fanciullo –
con la spuma di Maya per trastullo
plasmano sogni che non valgon niente,
ma tali che vi luccica ridente
l'eterno lume, più giocondo e ardente.

[Traduzione di Ervino Pocar]

FLÖTENSPIEL

Ein Haus bei Nacht durch Strauch und Baum
Ein Fenster leise schimmern liess,
Und dort im unsichtbaren Raum
Ein Flötenspieler stand und blies.

Es war ein Lied so altbekannt,
Es floss so gütig in die Nacht,
Als wäre Heimat jedes Land,
Als wäre jeder Weg vollbracht.

Es war der Welt geheimer Sinn
In seinem Atem offenbart,
Und willig gab das Herz sich hin
Und alle Zeit ward Gegenwart.

FLAUTO

Una casa di notte tra albero e cespuglio,
una finestra dal tenue bagliore
ed in una stanza impercettibile
se ne stava un flautista e modulava.

Era una popolare melodia,
benigna fluttuava nella notte
come fosse la patria ogni paese,
come fosse compiuto ogni cammino.

Nel suo respiro si faceva chiaro
tutto l'arcano senso della vita,
e di buon grado si affidava il cuore
ed ogni tempo era un presente.

[Traduzione di Mario Specchio]

STUFEN

Wie jede Blüte welkt und jede Jugend
Dem Alter weicht, blüht jede Lebensstufe,
Blüht jede Weisheit auch und jede Tugend
Zu ihrer Zeit und darf nicht ewig dauern.
Es muss das Herz bei jedem Lebensrufe
Bereit zum Abschied sein und Neubeginne,
Um sich in Tapferkeit und ohne Trauern
In andre, neue Bindungen zu geben.
Und jedem Anfang wohnt ein Zauber inne,
Der uns beschützt und der uns hilft, zu leben.

Wir sollen heiter Raum um Raum durchschreiten,
An keinem wie an einer Heimat hängen,
Der Weltgeist will nicht fesseln uns und engen,
Es will uns Stuf'um Stufe heben, weiten.
Kaum sind wir heimisch einem Lebenskreise
Und traulich eingewohnt, so droht Erschlaffen,
Nur wer bereit zu Aufbruch ist und Reise,
Mag lähmender Gewöhnung sich entraffen.

Es wird vielleicht auch noch die Todesstunde
Uns neuen Räumen jung entgegen senden,
Des Lebens Ruf an uns wird niemals enden...
Wohlan denn, Herz, nimm Abschied und gesunde!

GRADINI

Come ogni fior languisce e giovinezza
cede a vecchiaia, anche la vita in tutti
i gradi suoi fiorisce, insieme ad ogni
senno e virtù, né può durare eterna.
Quando la vita chiama, il cuore sia
pronto a partire ed a ricominciare,
per offrirsi sereno e valoroso,
ad altri, nuovi vincoli e legami.
Ogni inizio contiene una magia
che ci protegge e a vivere ci aiuta.

Dobbiamo attraversare spazi e spazi
senza fermare in alcun d'essi il piede,
lo spirto universal non vuol legarci
ma su di grado in grado sollevarci.
Appena ci avvezziamo ad una sede
rischiamo di infiacchire nell'ignavia;
sol chi è disposto a muoversi e partire
vince la consuetudine inceppante.

Forse il momento stesso della morte
ci farà andare incontro a spazi nuovi;
della vita il richiamo non ha fine...
Su, cuore mio, congedati e guarisci!

[Traduzione di Ervino Pocar]

1944 - 1962

LEB WOHL, FRAU WELT

(1944)

Es liegt die Welt in Scherben,
Einst liebten wir sie sehr,
Nun hat für uns das Sterben
Nicht viele Schrecken mehr.

Man soll die Welt nicht schmähen,
Sie ist so bunt und wild,
Uralte Zauber wehen
Noch immer um ihr Bild.

Wir wollen dankbar scheiden
Aus ihrem grossen Spiel;
Sie gab uns Lust und Leiden,
Sie gab uns Liebe viel.

Leb wohl, Frau Welt, und schmücke
Dich wieder jung und glatt,
Wir sind von deinem Glücke
Und deinem Jammer satt.

ADDIO, MONDO

(1944)

Giace il mondo in frantumi,
lo amammo molto un tempo,
adesso anche il morire
non ci fa più spavento.

Il mondo non va disprezzato,
screziato e selvaggio egli è,
malie antichissime spirano
ancora attorno a sé.

Vogliamo separarci
grati dal suo gran gioco;
ci dette gioia e pena
ci dette molto amore.

Addio mondo, rifatti
bello e smagliante, noi
siamo della tua gioia
e della pena sazi.

[Traduzione di Mario Specchio]

IM SCHLOSS BREMGARTEN

(1944)

Wer hat einst die alten Kastanien gepflanzt,
Wer aus dem steinernen Brunnen getrunken,
Wer im geschmückten Saale getanzt?
Sie sind dahin, vergessen, versunken.

Heut sind es wir, die der Tag bescheint
Und denen die lieben Vögel singen:
Wir sitzen um Tafel und Kerzen vereint,
Trankopfer dem ewigen Heute zu bringen.

Und wenn wir dahin und vergessen sind,
Wird immer noch in den hohen Bäumen
Die Amsel singen und singen der Wind,
Und drunten der Fluss an den Felsen schäumen.

Und in der Halle beim Abendschrei
Der Pfauen sitzen andere Leute.
Sie plaudern, sie rühmen wie schön es sei,
Bewimpelte Schiffe fahren vorbei,
Und es lacht das ewige Heute.

CASTELLO DI BREMGARTEN

(1944)

Chi piantò questi vecchi castagni,
chi libò dalle fonti di pietra,
chi danzò nella sala addobbata?
Sommersi, lontani, dimenticati.

Oggi è a noi che il giorno risplende,
a noi gorgheggiano gli uccelli amabili,
sediamo attorno a tavole e lumi
a celebrare con libagioni l'eterno presente.

E quando saremo dimenticati e lontani
continueranno i merli a cantare
sugli alti alberi, il vento a fischiare
e in basso il fiume agli scogli schiumare.

E nella sala al grido serotino
del pavone siedono altri.
Parlano, vantano che tutto è bello,
passano barche in sventolio di drappi
e sorride l'eterno presente.

[Traduzione di Mario Specchio]

TRAURIGKEIT

(1944)

Die mir noch gestern glühten,
Sind heut dem Tod geweiht,
Blüten fallen um Blüten
Vom Baum der Traurigkeit.

Ich seh sie fallen, fallen
Wie Schnee auf meinen Pfad,
Die Schritte nicht mehr hallen,
Das lange Schweigen naht.

Der Himmel hat nicht Sterne,
Das Herz nicht Liebe mehr,
Es schweigt die graue Ferne,
Die Welt ward alt und leer.

Wer kann sein Herz behüten
In dieser bösen Zeit?
Es fallen Blüten um Blüten
Vom Baum der Traurigkeit.

TRISTEZZA

(1944)

Quelli che ancor ieri ardevano
sono oggi votati alla morte,
cadono fiori su fiori
dall'albero della tristezza.

Li vedo cadere e cadere
come neve sul mio sentiero,
i passi più non risuonano,
il lungo silenzio s'approssima.

Il cielo non ha più stelle
non ha più amore il cuore,
tace l'opaca lontananza,
divenne il mondo vecchio e deserto.

Chi può proteggere il cuore
in questo tempo crudele?
Cadono fiori su fiori
dall'albero della tristezza.

[Traduzione di Mario Specchio]

HERBSTGERUCH

Wieder hat ein Sommer uns verlassen,
Starb dahin in einem Spätgewitter.
Regen rauscht geduldig, und im nassen
Walde duftet es so bang und bitter.

Herbstzeitlose starrt im Grase blässlich
Und der Pilze wucherndes Gedränge.
Unser Tal, noch gestern unermesslich
Weit und licht, verhüllt sich und wird enge.

Enge wird und duftet bang und bitter
Diese Welt, dem Lichte abgewendet.
Rüsten wir uns auf das Spätgewitter,
Das des Lebens Sommertraum beendet!

Herbst 1947.

PROFUMO D'AUTUNNO

Un'altra estate ci lascia, sollecita
muore in un tardo temporale,
scroscia la pioggia paziente, negli umidi
boschi c'è un odore angoscioso e amaro.

Nel suo pallore intirizzisce il colchico
in mezzo all'erba tra la fitta ressa
dei funghi. La valle prima interminabile
mette il cappuccio e si fa stretta.

Stretto diventa, odora ansioso e amaro
il mondo, che la luce ormai tradisce.
Armiamoci contro l'ultimo temporale
che il sogno d'estate della vita finisce!

Autunno 1947.

[Traduzione di Sergio Solmi]

MÄRZSONNE

Trunken von früher Glut
Taumelt ein gelber Falter.
Sitzend am Fenster ruht
Schläfrig gebückt ein Alter.

Singend durchs Frühlingslaub
Ist er einst ausgezogen.
So vieler Strassen Staub
Hat sein Haar überflogen.

Zwar der blühende Baum
Und die Falter die gelben
Scheinen gealtert kaum,
Scheinen heut noch dieselben.

Doch es sind Farbe und Duft,
Dünner geworden und leerer,
Kühler das Licht und die Luft
Strenger zu atmen und schwerer.

Frühling summt bienenleis
Seine Gesänge, die holden.
Himmel schwingt blau und weiss,
Falter entflattert golden.

März 1948.

SOLE DI MARZO

Ebbra di precoce calore
una gialla farfalla volteggia.
Alla finestra seduto
un vecchio curvo sonnecchia.

Lo attrasse un tempo entro il verde
di primavera cantare,
ma poi sui capelli gli scorse
la polvere di troppe strade.

Invece l'albero in fiore
e la farfalla giallina
sembrano appena invecchiati
sono sempre quelli di prima.

Ma sono colore e profumo
fatti più sottili e più lievi,
più fredda la luce, e l'aria
a respirarsi più greve.

D'api ronza la primavera
il suo canto più garbato,
blu e bianco il cielo s'inarca,
dilegua la farfalla dorata.

Marzo 1948.

[Traduzione di Sergio Solmi]

GEWITTER IM JUNI

Sonne krankt, Gebirge kauert,
Schwarze Wetterwolkenwand
Mit geduckten Kräften lauert,
Niedrig flattern scheue Vögel,
Graue Schatten übers Land.

Donner, lange schon zu hören,
Poltert lauter los und klingt
Herrlich auf zu Paukenchören,
Draus trompetenhell und golden
Blitz um Blitz den Schwall durchdringt.

Regen stürzt in dichten Güssen
Gläsern, kalt und silberfahl,
Rennt in Bächen, rauscht in Flüssen
Wild wie lang verhaltenes Schluchzen
Nieder ins erschreckte Tal.

Juni 1953.

TEMPORALE DI GIUGNO

S'ammala il sole, s'accuccia il monte,
carovane di nere nuvole
stanno in agguato di fronte,
in basso timidi uccelli volano,
in terra trascorrono grige ombre.

Il tuono, lento dopo il fulmine,
passa con rombo pauroso,
signoreggia il coro dei timpani,
le chiare trombette; i gloriosi
aurei lampi i flussi attraversano.

Fitta, gelida la pioggia vitrea
s'abbatte in rovesci di scialbo argento,
scroscia in fiumi, scorre in rivoli,
con mal rattenuti singhiozzi,
giù nella valle dello spavento.

Giugno 1953.

[Traduzione di Sergio Solmi]

LICHT DER FRÜHE

Heimat, Jugend, Lebens-Morgenstunde,
Hundertmal vergessen und verloren,
Kommt von dir mir eine späte Kunde
Hergeweht, so quillt's aus allen Tiefen,
Die verschüttet in der Seele schliefen,
Süsses Licht du, Quelle neugeboren!

Zwischen Einst und Heut das ganze Leben,
Das wir oft für stolz und reich gehalten,
Zählt nicht mehr; ich lausche hingegeben
Den so jungen, den so ewig-alten
Märchenbrunnen-Melodien wieder
Der vergessenen alten Kinderlieder.

Über allen Staub und alle Wirre
Leuchtest du hinweg und alle Mühe
Unerfüllten Strebens in der Irre,
Lautre Quelle, reines Licht der Frühe.

September 1953.

LUCE DEL MATTINO

Gioventù, paese cento volte dimenticato
e perduto, luce della vita, oggi m'inondi
di un tuo tardivo sapere, sprizzato
dal lungo, greve sonno dell'anima profonda.
Dolce, soave luce, sorgiva appena nata!

Tra allora e adesso l'intera vita,
ahi, troppo spesso opima, superba ritenuta,
non conta più. Voi sole, a me restituite,
odo, fiabesche melodie perdute,
giovani, e insieme vecchie eternamente,
obliati, antichi fanciulleschi canti.

Su ogni turbine, polvere vorticante,
splendi lassù, alta sul mio cammino,
oltre i falliti sforzi del vagabondo errore,
fonte serena, pura luce del mattino!

Settembre 1953.

[Traduzione di Sergio Solmi]

REGEN IM HERBST

O Regen, Regen im Herbst,
Grau verschleierte Berge,
Bäume mit müde sinkendem Spätlaub!
Durch beschlagene Fenster blickt
Abschiedsschwer das krankende Jahr.
Fröstelnd im triefenden Mantel
Gehst du hinaus. Am Waldrand
Tappt aus entfärbtem Laub
Kröte und Salamander trunken,
Und die Wege hinab
Rinnt und gurgelt unendlich Gewässer,
Bleibt im Grase beim Feigenbaum
In geduldigen Teichen stehn.
Und vom Kirchturm im Tale
Tropfen zögernde müde
Glockentöne für einen vom Dorf,
Den sie begraben.

Du aber traure, Lieber,
Nicht dem begrabenen Nachbarn,
Nicht dem Sommerglück länger nach
Noch den Festen der Jugend!
Alles dauert in frommer Erinnrung,
Bleibt im Wort, im Bild, im Liede bewahrt,
Ewig bereit zur Feier der Rückkehr
Im erneuten, im edlern Gewand.
Hilf bewahren du, hilf verwandeln,
Und es geht dir die Blume
Gläubiger Freude im Herzen auf.

PIOGGIA D'AUTUNNO

O pioggia, pioggia d'autunno,
monti velati di grigio,
alberi con tarde stanche foglie cadenti!
Da finestre appannate guarda
l'anno malato, nel greve congedo.
Col gocciolante pastrano tu esci
abbrividendo. Da frasche sbiadite,
sul limitare del bosco,
ebbro arranca il rospo, la salamandra,
e giù pei sentieri
scorre e gorgoglia l'acqua infinita
e presso il fico s'aduna nell'erba
in pazienti laghetti.
E in valle dal campanile
gocciano stanchi esitanti rintocchi
per uno del luogo
che stan seppellendo.

Ma non attristarti tu, caro,
per il vicino sepolto,
per la gioia d'estati trascorse
e le feste dei giovani anni!
Tutto vive nel mesto ricordo,
si conserva in parole e immagini e canti,
pronto sempre a celebrare il ritorno
in veste più nobile e nuova.
Aiuta a conservare, a tramutare,
ed ecco che in cuore ti sboccia
il fior della gioia credente.

[Traduzione di Ervino Pocar]

NACHRUF

Meinem lieben Freunde H. C. Bodmer
an seinem Todestage, dem 28. Mai 1956

O Freund, dass du so früh gegangen bist!
Kahl dorrt um mich der Raum, der Wald einst war.
Vergessener alter Baum, steh ich allein.

Dich kannten wenige, und keiner ganz.
Verborgen unter flotter Maske
Des Reiters, Zechers, Offiziers, Mäzens
Lebte dein Strahlendes, dein heimliches Königtum.

Und dass du hinter straffer Herrenmiene
Hingabe hegtest, Demut, Liebeskraft
Fürs Grosse, Heilige, war Freunden nur
Des innern Kreises kund, ein Wissen,
Das wir als kostbares Geheimnis bargen.

Leb wohl, du Stürmischer, Unbändiger!
Dein Bild bewahr ich treu, das ritterliche.
Und lang am kahlgeschlagenen Hang
Betracht ich die verödete Stelle,
Ob der sich deine Krone einst gewiegt.

NECROLOGIO

Al mio caro amico H. C. Bodmer
nel giorno della sua morte, 28 maggio 1956

O amico, te ne sei andato così presto!
Inaridisce attorno a me spoglio lo spazio che un tempo
[fu foresta.
Albero vecchio e dimenticato, sono solo.

Pochi ti conobbero e nessuno del tutto.
Nascosto sotto maschera spensierata
di cavaliere, bevitore, ufficiale, mecenate
visse il tuo raggiante e arcano regno.

E che dietro il sembiante altero e grave
custodivi passione, umiltà ed immenso amore
per ciò che è grande e santo era soltanto
agli amici più intimi noto, una certezza
che conservammo come segreto splendido.

Addio o tempestoso, irrefrenabile!
Fedele io conservo la tua immagine, quella del cavaliere.
Ed a lungo osservai sul pendio
inaridito il posto desolato
su cui un tempo ondeggiò la tua corona.

[Traduzione di Mario Specchio]

WANDERER IM SPÄTHERBST

Durch kahlen Waldes Astgeflecht
Sinkt weiss aus grauen Lüften erster Schnee
Und sinkt und sinkt. Wie ward die Welt so stumm!
Kein Blatt das rauscht, kein Vogel im Gezweig,
Nur Weiss und Grau und Stille, Stille.

Der Wandrer auch, der grün und bunte Monde
Durchwanderte mit Laute und Gesang,
Ist stumm geworden und der Freude müd,
Des Wanderns müd, der Lieder müd.
Ihn schauert, aus kühlen grauen Höhn
Weht Schlaf ihn an, und leise sinkt
Und sinkt der Schnee...

Noch spricht aus fernem Frühling her
Und hingewelktem Sommerglück Erinnrung
Mit blass verwehenden Bildern:
Kirschblütenblätter schleiernd durch ein Blau,
Ein holdes lichtes Blau –
Mit zartem Flügelzittern hängt am Halm
Ein junger Falter braun und gold –
Aus laulicht feuchter Sommerwaldnacht
Sehnsüchtig langgezognes Vogellied...
Der Wandrer nickt den lieben Bildern zu:
Wie war das schön! Und manches flattert noch
Aus jenem Einstmals auf, glänzt und erlischt:
Ein dunkelsüsser Blick aus Liebesaugen –
Ein Nachtgewitter, Blitz und Sturm im Schilf –
Ein Flötenlied aus fremdem Abendfenster –

PASSEGGIATA D'AUTUNNO AVANZATO

Tra i rami aggrovigliati della nuda
selva, dall'aria grigia scende bianca
la prima neve, e cade, e cade.
Com'è ammutito il mondo! Non c'è foglia
che frusci, non uccello sulle rame,
soltanto bianco e grigio, e pace, pace.

Anche il viandante che per variopinti
mesi passò col canto o col liuto
è ammutolito e stanco di gioire,
stanco di camminar, stanco di canti.
Rabbrividisce, e dalle fredde altezze
grige lo investe il sonno, e piano cade,
cade la neve...

Ancor dalla lontana primavera,
dall'avvizzito gaudio dell'estate
gli parla la memoria con visioni
vanenti, pallide: su fondo azzurro,
soave azzurro, un nugolo di fiori
di ciliegio – con tremule ali pende
da uno stelo la giovane farfalla
bruna e oro – dalla rorida notte
del bosco estivo il nostalgico lungo
gorgheggio d'un uccello...
Il viandante saluta i cari sogni:
com'era bello! Ed altro si alza a volo
da quel passato e luccica e si spegne:
un lampo nero d'occhi innamorati –

Ein greller Häherschrei im Morgenwald...

Es sinkt und sinkt der Schnee. Der Wandrer
Lauscht Vogelruf und Flöte nach,
Den einst erklungenen, herzbewegenden:
O schöne Welt, wie bist du so verstummt!
Unhörbar geht er hin durchs weiche Weiss
Der Heimat zu, der langvergessnen,
Die jetzt mit sanftem Zwange ruft,
Dem Tale zu, dem Erlenbach,
Dem Markt, dem alten Vaterhaus,
Der Efeumauer, hinter der die Mutter,
Der Vater und die Ahnen ruhn.

Kein Blatt das rauscht, kein Vogel im Gezweig...

Herbst 1956.

l'uragano notturno nel canneto –
da una finestra, a sera, un suon di flauto –
un grido di ghiandaia nel mattino...

La neve cade, cade. E l'uomo ascolta
il suon del flauto, il grido dell'uccello,
voci lontane, commoventi allora:
o mondo bello, ti sei fatto muto!
Zitto s'avvia sul soffice candore
al natio borgo, già obliato, che ora
con dolce violenza lo richiama,
a quella valle, al fiume degli ontani,
alla dimora avita sulla piazza,
al muro verde di edera che veglia
sull'ultimo riposo di sua madre,
e del padre e degli avi.
                                        Non c'è foglia
che frusci, non uccello sulle rame...

Autunno 1956.

[Traduzione di Ervino Pocar]

URALTE BUDDHA-FIGUR, IN EINER JAPANISCHEN WALDSCHLUCHT VERWITTERND

(Kei Wakasugi gewidmet)

Gesänftigt und gemagert, vieler Regen
Und vieler Fröste Opfer, grün von Moosen
Gehn deine milden Wangen, deine grossen
Gesenkten Lider still dem Ziel entgegen,
Dem willigen Zerfalle, dem Entwerden
Im All, im ungestaltet Grenzenlosen.
Noch kündet die zerrinnende Gebärde
Vom Adel deiner königlichen Sendung
Und sucht doch schon in Feuchte, Schlamm und Erde,
Der Formen ledig, ihres Sinns Vollendung,
Wird morgen Wurzel sein und Laubes Säuseln,
Wird Wasser sein, zu spiegeln Himmels Reinheit,
Wird sich zu Efeu, Algen, Farnen kräuseln, –
Bild allen Wandels in der ewigen Einheit.

Dezember 1958.

ANTICHISSIMA FIGURINA DEL BUDDHA TROVATA IN VIA DI DECOMPOSIZIONE IN UNA FORRA BOSCHIVA GIAPPONESE

(Dedicata a Kei Wakasugi)

Levigato e smagrito, di tante piogge vittima
e tanti geli, verde di muschio, ch'è arrivato
fino alle guance tue miti, alle pesanti
tue palpebre, sereno, ognor fissato
alla Meta: il volontario annientamento
nel tutto, nell'illimitato Informe.
Il tuo gesto ormai stinto ancor la Discendenza
regale tua rivela. Pur nel fango, nella terra immollata
dell'umida foresta, sembri cercare dei tuoi fini
il compimento: dal gioco delle trasformazioni
l'anima finalmente liberata.

Domani sarai radice e mormorio di foglie,
sarai acqua a specchiare la purezza del cielo,
sarai lichene, edera, o felce, od agrifoglio.
Figurerai lo svolgersi di tutti i Mutamenti
finalmente raccolti in eterna Unità.

Dicembre 1958.

[Traduzione di Sergio Solmi]

MÜDER ABEND

Abendwindes Lallen
Klagt erstickt im Laub,
Schwere Tropfen fallen
Einzeln in den Staub.

Aus den mürben Mauern
Moos und Farne quellen,
Alte Leute kauern
Schweigend auf den Schwellen.

Krumme Hände lasten
Still auf steifen Knien,
Geben sich dem Rasten
Und Verwelken hin.

Überm Friedhof flügeln
Krähen schwer und gross.
Auf den flachen Hügeln
Wuchert Farn und Moos.

Sils Maria, August '60

SERA STANCA

La brezza della sera
dentro le fronde mormora,
cadono ad una ad una
pesanti gocce al suolo.

Fuor da muri sbrecciati
muschi e licheni spuntano,
stanno i vecchi accucciati
sulle soglie, in silenzio.

Le adunche mani pesano
sui rigidi ginocchi,
donate, abbandonate
a un tranquillo appassire.

Sul cimitero aleggiano
cornacchie grandi e grasse.
Muschi e licheni infiorano
le collinette basse.

Sils Maria, agosto '60

[Traduzione di Diego Valeri]

JUNGER NOVIZE IM ZEN-KLOSTER

I

Meines Vaters Haus im Süden steht,
Sonne wärmt es sanft und Seeluft weht.
Von der Heimat träum ich manche Nacht,
Nass von Tränen bin ich oft erwacht.

Wittern meine Kameraden schon,
Wie mir ist? Mir bangt vor ihrem Hohn.
Alte Mönche schnarchen rauh wie Tiere,
Ich allein, Yü Wang, bin wach und friere.

Einmal, einmal nehm ich meinen Stab,
Binde die Sandalen, reise ab,
Tausend Meilen pilgre ich zurück
In die Heimat, ins verlassne Glück.

Aber wenn des Meisters Tigerblick
Mich durchbohrt, erkenn ich mein Geschick,
Spüre Glut and spüre Eis im Leibe,
Zittre, schäme mich und bleibe, bleibe.

Februar 1961.

GIOVANE NOVIZIO IN UN CONVENTO ZEN

I

La casa di mio padre è laggiù nel Sud,
dolce la scalda il sole, vi spira vento dal mare.
Del mio paese mi sogno la notte, e più d'una volta
mi ridestai con le guance di pianto bagnate.

Penso che i miei compagni comincino a sospettare,
e temo il loro disprezzo. I vecchi monaci, stravaccati
nel sonno come bestie li odo ronfare.
Io solo, Yu Wang, sono sveglio e le membra ho gelate.

Verrà giorno che prenderò il mio bordone,
i sandali mi allaccerò, uscirò di qua.
Pellegrinerò mille miglia a ritroso verso il paese,
verso la patria, l'abbandonata felicità.

Ma quando con sguardo di tigre mi scruta dentro
il Maestro, passandomi da parte a parte,
provo caldo e gelo nel corpo, e tutto tremante,
mi vergogno, e rimango, rimango in Convento.

Febbraio 1961.

[Traduzione di Sergio Solmi]

JUNGER NOVIZIE IM ZEN-KLOSTER
II

Ist auch alles Trug und Wahn
Und die Wahrheit stets unnennbar,
Dennoch blickt der Berg mich an
Zackig und genau erkennbar.

Hirsch und Rabe, rote Rose,
Meeresblau und bunte Welt:
Sammle dich – und sie zerfällt
Ins Gestalt- und Namenlose.

Sammle dich und kehre ein,
Lerne schauen, lerne lesen!
Sammle dich – und Welt wird Schein.
Sammle dich – und Schein wird Wesen.

Februar 1961.

GIOVANE NOVIZIO IN UN CONVENTO ZEN
II

Tutto è inganno e illusione,
la verità è inesprimibile:
ma dentellato il monte mi guarda
ed è ben riconoscibile.

Capro, corvo, rosa rossa,
blu del mare, colori e forme.
Raccogliti: si disfaranno
dentro l'anonimo e informe.

Raccogliti: rientra in te,
impara a guardare, a leggere.
Raccogliti: il mondo sarà Apparenza,
l'Apparenza sarà l'Essere.

Febbraio 1961.

[Traduzione di Sergio Solmi]

KLEINER GESANG

(1962)

Regenbogengedicht,
Zauber aus sterbendem Licht,
Glück wie Musik zerronnen,
Schmerz im Madonnengesicht,
Daseins bittere Wonnen...

Blüten vom Sturm gefegt,
Kränze auf Gräber gelegt,
Heiterkeit ohne Dauer,
Stern, der ins Dunkel fällt:
Schleier von Schönheit und Trauer
Über dem Abgrund der Welt.

CANZONETTA

(1962)

Poesia d'arcobaleno,
malia di luce morente,
gioia come musica dissolta,
dolore su volti di Madonna,
amara voluttà dell'esistenza...

Fioritura spazzata via dal turbine,
corone adagiate sulle tombe,
serenità caduca;
stella che precipita nel buio:
velo di bellezza e di rimpianto
sull'abisso del mondo.

[Traduzione di Mario Specchio]

KNARREN EINES GEKNICKTEN ASTES

Erste Fassung

Geknickter Ast, an Splittersträngen
Noch schaukelnd, ohne Laub noch Rinde,
Ich seh ihn Jahr um Jahr so hängen,
Sein Knarren klagt bei jedem Winde.

So knarrt und klagt es in den Knochen
Von Menschen, die zu lang gelebt,
Man ist geknickt, noch nicht gebrochen,
Man knarrt, sobald ein Windhauch bebt.

Ich lausche deinem Liede lange,
Dem fasrig trocknen, alter Ast,
Verdrossen klingts und etwas bange,
Was du gleich mir zu knarren hast.

1.° August 1962.

Zweite Fassung

Splittrig geknickter Ast,
Hangend schon Jahr um Jahr,
Trocken knarrt er im Winde sein Lied,
Ohne Laub, ohne Rinde,
Kahl, fahl, zu langen Lebens,
Zu langen Sterbens müd.
Hart klingt, rauch sein Gesang.
Klingt trotzig, klingt bang
Noch einen Sommer, noch einen Winter lang.

2 August 1962.

SCRICCHIOLIO DI UN RAMO SPEZZATO

Prima redazione

Ramo spezzato, ancora penzolante
donde fu svelto, senza scorza e foglia,
lo vedo anno dopo anno dondolante
e ad ogni vento cigola sua doglia.

Così lamenta, e scricchiola nell'ossa
di colui che ormai visse troppo tempo,
spezzati si è, ma non ancora infranti,
si cigola a ogni brivido di vento.

Ascolto lungamente il tuo cantare
sfilacciato e secco, vecchio ramo,
uggioso ed angoscioso risuonare.
Così, simili, entrambi scricchioliamo.

1.° agosto 1962.

Seconda redazione

Ramo spezzato e scheggiato
che ormai pende anno dopo anno
e asciutto scricchiola al vento il suo canto,
senza più fogliame né scorza,
spelato, scialbo, di lunga vita,
di lunga morte stanco.
Secco risuona, rauco il suo canto.
Suona caparbio, angoscioso,
ancora per un'estate, per un inverno ancora.

2 agosto 1962.

Dritte Fassung

Splittrig geknickter Ast,
Hangend schon Jahr um Jahr,
Trocken knarrt er im Wind sein Lied,
Ohne Laub, ohne Rinde,
Kahl, fahl, zu langen Lebens,
Zu langen Sterbens müd.
Hart klingt und zäh sein Gesang,
Klingt trotzig, klingt heimlich bang
Noch einen Sommer,
Noch einen Winter lang.

8 August 1962.

Ramo spezzato e scheggiato,
che ormai pende anno dopo anno
e asciutto scricchiola al vento il suo canto,
senza più fogliame né scorza,
spelato, scialbo, di lunga vita
di lunga morte stanco.
Secco risuona e tenace il suo canto,
caparbio risuona e in segreto angoscioso
ancora per tutta un'estate,
per tutto un inverno ancora.

8 agosto 1962.

[Traduzione di Sergio Solmi]

NOTE AI TESTI

Le tre versioni da Hesse di Jaime Pintor, furono pubblicate per la prima volta sulla rivista romana « Circoli » nel marzo 1939; il testo da noi seguito è posto in appendice a Rainer Maria Rilke, *Poesie*, tradotte da Jaime Pintor, con due prose dai *Quaderni di Malte Laurids Brigge* e versioni da H. Hesse e G. Trakl, prefazione di Franco Fortini, Nuova edizione, Einaudi Torino 1955. Le versioni di Diego Valeri, *La fiorita rama*, *Coricato sull'erba*, *Transitorietà*, *Settembre*, sono tratte da Diego Valeri, *Lirici tedeschi*, Mondadori, Milano, 1959, 1964²; mentre *Elegia di settembre* e *Sera stanca* sono comprese in H. Hesse, *Saggi e Poesie*, in *Opere scelte* di H. Hesse, a cura di L. Mazzucchetti, Mondadori, Milano 1965.

Le traduzioni di Ervino Pocar sono comprese in H. Hesse *Poesie*, a cura di E. Pocar, All'insegna del pesce d'oro, Milano 1965.

La poesia tradotta da Bruno Arzeni è tratta da H. Hesse, *Saggi e poesie scelte*, a cura di L. Mazzucchetti, Mondadori, Milano, 1965.

Le dieci versioni dovute a Sergio Solmi in S. Solmi, *Quaderno di traduzioni, II*, Einaudi, Torino 1977.

Le poesie tradotte da Mario Specchio in H. Hesse, *Poesie*, a cura di M. Specchio, Milano, Guanda 1979.

Le nove poesie di H. Hesse tradotte da Roberto Fertonani, finora inedite, appaiono per la prima volta in italiano.

Il testo tedesco dei *Gedichte* di Hesse riportato in questa antologia segue Hesse, *Gedichte,* Erster Band, Zweiter Band, neu eingerichtet und um Gedichte aus dem Nachlass erweitert von Volker Michels, Suhrkamp, Frankfurt am Main 1979, ad eccezione della poesia *Nachruf* e di *Wanderer im Spätherbst*, per le quali si è preferito attenersi a H. Hesse, *Gesammelte Werke in zwölf Bänden*, Werkansgabe Edition Suhrkamp, Band I, Frankfurt am Main 1970, dove è evitata una evidente svista tipografica. Le tre versioni di *Knarren eines geknickten Astes*, dovute a Sergio Solmi, seguono il volume H. Hesse, *Die späten Gedichte*, Insel Verlag, Frankfurt am Main 1963.

La prima edizione completa delle poesie apparve nel 1942 a Zurigo per i tipi dell'editore Fretz & Wasmuth: in questo libro ordinato con criterio cronologico, dagli anni 1895-1898 all'ultimo periodo 1929-1942, sono comprese anche liriche pubblicate su riviste o in edizione curata dall'Autore. Risultano invece escluse alcune poesie d'occasione e altri testi compresi nell'opera *Krisis* del '28. Le edizioni delle poesie si susseguono, negli anni, con ulteriori aggiunte, fino alla raccolta delle opere di Hesse *Gesammelte Dichtungen* in sei volumi (Frankfurt a.M., Suhrkamp, 1952) che accoglie le poesie scritte fino al '50. L'edizione completa è quella del '79 curata da Volker Michels.

OSCAR SCRITTORI DEL NOVECENTO

Pratolini, Il Quartiere
Chiara, Le corna del diavolo
Buzzati, Le notti difficili
D'Annunzio, Giovanni Episcopo
Hemingway, Avere e non avere
Santucci, Il velocifero
Kafka, Tutti i racconti
Steinbeck, Al Dio sconosciuto
Chiara, Il balordo
Kerouac, I vagabondi del Dharma
Pratolini, Metello
Hesse, Demian
Chiara, La spartizione
Kafka, Il Castello
Deledda, Elias Portolu
Vittorini, Piccola borghesia
Bellow, L'uomo in bilico
Mann Th., L'eletto
Hesse, Knulp - Klein e Wagner - L'ultima estate di Klingsor
Deledda, La madre
Steinbeck, Quel fantastico giovedì
Pratolini, Cronache di poveri amanti
Chiara, Tre racconti
Chiara, L'uovo al cianuro e altre storie
Silone, Il seme sotto la neve
Mauriac, Groviglio di vipere
Pratolini, Le ragazze di Sanfrediano
Chiara, I giovedì della signora Giulia
Dessì, Paese d'ombre
Chiara, Il pretore di Cuvio
Kerouac, Il dottor Sax
Mann Th., Le teste scambiate - La legge - L'inganno
Hesse, Il lupo della steppa
Silone, La volpe e le camelie
Silone, La scuola dei dittatori
Chiara, La stanza del Vescovo
Hemingway, Per chi suona la campana
Lawrence, La vergine e lo zingaro
Hemingway, Di là dal fiume e tra gli alberi
Silone, Una manciata di more
Kerouac, Big Sur

Bassani, L'airone
Pratolini, Lo scialo
Böll, Biliardo alle nove e mezzo
Pontiggia, Il raggio d'ombra
Greene, Il decimo uomo
Chiara, Il capostazione di Casalino e altri 15 racconti
Hemingway, Un'estate pericolosa
Forster, Casa Howard
Huxley, I diavoli di Loudun
Pratolini, Diario sentimentale
Amado, Mar Morto
Böll, Diario d'Irlanda
Buzzati, Il meglio dei racconti di Dino Buzzati
Chiara, Saluti notturni dal passo della Cisa
La Capria, Fiori giapponesi
Bellonci, Rinascimento privato
Malerba, Il serpente
Pontiggia, Il giocatore invisibile
Mishima, Colori proibiti
Faulkner, Gli invitti
Hemingway, Il giardino dell'Eden
Bellonci, Lucrezia Borgia
Hesse, Rosshalde
Grossman, Vedi alla voce: amore
Chiara, Di casa in casa, la vita
Naipaul, Elezioni a Elvira
Christie, Il meglio dei racconti di Agatha Christie
Hemingway, Ventuno racconti
Consolo, Le pietre di Pantalica
Naipaul, Mr. Stone
Bellow, Ne muoiono più di crepacuore
Kawabata, Mille gru
Faulkner, Mentre morivo
Buzzati, Poema a fumetti
Naipaul, Miguel Street
Lawrence, L'arcobaleno
Bassani, Il Romanzo di Ferrara
Faulkner, Palme selvagge
Lawrence, Figli e amanti
Greene, Il nostro agente all'Avana
Bellonci, Segni sul muro
Hemingway, Morte nel pomeriggio
Bellow, La sparizione
Malaparte, Io, in Russia e in Cina
Tobino, Tre amici
Greene, Il nocciolo della questione
Saint-Exupéry, Corriere del Su
Bellow, Il circolo Bellarosa
Hemingway, Verdi colline d'Africa
Schnitzler, Anatol
Miller, Sexus
Strindberg, La signorina Julie Il padre - Il pellicano
Buzzati, Il colombre
Hesse, Sotto la ruota
Miller, Plexus
La Capria, Capri e non più Capri
Bonaviri, Notti sull'altura

Miller, I giorni di Clichy

Mauriac, Gli angeli neri

Miller, Nexus

Greene, Un americano tranquillo

Hemingway, Lettere 1917-1961

Greene, Una pistola in vendita

Joyce, Le gesta di Stephen

Orwell, La strada di Wigan Pier

Greene, I naufraghi

Orwell, Una boccata d'aria

Joyce, Finnegans Wake

Miller, Tropico del Cancro

Hemingway, Storie della guerra di Spagna - La Quinta Colonna

Hemingway, I racconti di Nick Adams

Hesse, La nevrosi si può vincere

Updike, Coppie

Miller, Tropico del Capricorno

Consolo, Nottetempo, casa per casa

Buzzati, Il segreto del Bosco Vecchio

Miller, Primavera nera

Busi, Altri abusi

Hesse, Sull'amore

Hesse, Dall'India

Meneghello, Libera nos a Malo

Borges, Libro di sogni

García Márquez, L'amore ai tempi del colera

Busi, Vita standard di un venditore provvisorio di collant

Busi, Sodomie in corpo 11

Simenon, Maigret e l'informatore

Simenon, Maigret e il signor Charles

Kafka, Lettera al padre - Quaderni in ottavo

Busi, Seminario sulla gioventù

Frost, Conoscenza della notte e altre poesie

Leavitt, La lingua perduta delle gru

Kafka, Lettere a Milena

Hesse, La natura ci parla

Hesse, Le stagioni della vita

Meneghello, Fiori italiani

Mann Th., Saggi

Hesse, Non uccidere

Hesse, L'arte dell'ozio

Montale, Poesie scelte

Meneghello, Pomo pero

Hesse, Poesie

Busi, Le persone normali

Kawabata, Il maestro di go

Hesse, Il coraggio di ogni giorno

Hesse, Religione e mito

Buzzati, Bàrnabo delle montagne

García Márquez, Racconto di un naufrago

La Capria, Letteratura e salti mortali

Borges, La cifra

Naipaul, Il massaggio mistico

Bulgakov, Uova fatali

Kafka, Frammenti e scritti vari
Amis, Territori londinesi
García Márquez, Dodici racconti raminghi
Christie, La domatrice
Christie, Alla deriva
Christie, Aiuto, Poirot!
Christie, Corpi al sole
Christie, Miss Marple e i tredici problemi
Christie, Macabro quiz
Christie, È un problema
Christie, La serie infernale
Christie, Delitto in cielo
Christie, Se morisse mio marito
Christie, Un messaggio dagli spiriti
Christie, Miss Marple nei Caraibi
Christie, Il terrore viene per posta
Christie, Istantanea di un delitto
Christie, La parola alla difesa
Christie, Poirot e i Quattro
Christie, Poirot non sbaglia
Christie, Quattro casi per Hercule Poirot
Christie, Il Segugio della Morte
Christie, Hercule Poirot indaga
Christie, Sento i pollici che prudono
Christie, Il misterioso signor Quin
Christie, Assassinio allo specchio
Christie, Gli elefanti hanno buona memoria
Christie, Miss Marple: giochi di prestigio
Christie, Il mistero del treno azzurro
Christie, Nella mia fine è il mio principio
Christie, Testimone d'accusa e altre storie
Christie, Poirot e la salma
Christie, Miss Marple al Bertram Hotel
Christie, Addio, Miss Marple
Christie, Avversario segreto
Christie, Poirot sul Nilo
Christie, I sette quadranti
Christie, I primi casi di Poirot
Christie, Un cavallo per la strega
Christie, Poirot e la strage degli innocenti
Christie, Passeggero per Francoforte
Christie, Il Natale di Poirot
Christie, Sfida a Poirot
Christie, Sipario, l'ultima avventura di Poirot
Christie, Perché non l'hanno chiesto a Evans?
Christie, Un delitto avrà luogo
Christie, C'era una volta
Christie, Assassinio sull'Orient-Express
Christie, La dama velata
Christie, Destinazione ignota
Christie, Le due verità
Christie, La morte nel villaggio

Christie, Non c'è più scampo
Christie, Le porte di Damasco
Christie, Il pericolo senza nome
Christie, Verso l'ora zero
Christie, Trappola per topi
Christie, Le fatiche di Hercule
Christie, Tragedia in tre atti
Christie, In tre contro il delitto
Christie, Il mondo di Hercule Poirot
Christie, È troppo facile
Christie, C'è un cadavere in biblioteca
Christie, Miss Marple: Nemesi
Christie, La sagra del delitto
Christie, Poirot a Styles Court
Christie, Poirot si annoia
Christie, Dieci piccoli indiani
Christie, Quinta colonna
Christie, L'assassinio di Roger Ackroyd
Christie, Polvere negli occhi
Christie, Il mondo è in pericolo
Christie, Tre topolini ciechi e altre storie
Christie, Appuntamento con la paura
Christie, Il mistero di Lord Listerdale e altre storie
Christie, Dopo le esequie
Christie, Carte in tavola
Christie, Giorno dei morti
Christie, Parker Pyne indaga
Christie, Il ritratto di Elsa Greer
Christie, L'uomo vestito di marrone
Christie, Sono un'assassina?
Christie, Due mesi dopo
Christie, Fermate il boia
Christie, Il segreto di Chimneys
Christie, Tommy e Tuppence: in due s'indaga meglio
Meneghello, I piccoli maestri
Bonaviri, Novelle saracene
Greene, L'uomo dai molti nomi
Buzzati, Cronache terrestri
García Márquez, Il generale nel suo labirinto
Bulgakov, L'ispettore generale
Kerouac, Sulla strada
García Márquez, Cent'anni di solitudine
Hesse, Trilogia dell'amore e della vita
Hesse, Romanzo della mia vita
Spark, La porta di Mandelbaum
Ungaretti, Il dolore
García Márquez, Cronaca di una morte annunciata
Malaparte, Il sole è cieco
Christie, La mia vita
Pontiggia, La grande sera
Greene, I commedianti
Naipaul, India
Tomizza, Gli sposi di via Rossetti
Greene, L'ultima parola e altri racconti
Buzzati, Il deserto dei Tartari
Buzzati, Sessanta racconti
Gibran, Le ali spezzate
Gibran, Gesù Figlio dell'Uomo

Gibran, Il precursore
Desiato, Il Marchese del Grillo
Chiara, Vita di Gabriele d'Annunzio
Joyce, Poesie
Kafka, Diari
Sartre, Il diavolo e il buon Dio
García Márquez, Le avventure di Miguel Littín, clandestino in Cile
Sartre, Morti senza tomba - Le mani sporche
Galeano, Parole in cammino
Leavitt, Un luogo dove non sono mai stato
La Capria, L'occhio di Napoli
Tomizza, La miglior vita
Gibran, La Voce del Maestro
García Márquez, I grandi romanzi di Gabriel García Márquez
Fitzgerald, Lembi di Paradiso
Busi, Vendita galline km 2
Bonaviri, Il fiume di pietra
Bettiza, Il fantasma di Trieste
Mishima, Il sapore della gloria
Gibran, Il vagabondo
Tomizza, La quinta stagione
Buzzati, Dino Buzzati al Giro d'Italia
Kerouac, Visioni di Gerard
Busi, L'amore è una budella gentile
Siciliano, La notte matrigna
Fowles, La donna del tenente francese
Rilke, Requiem e altre poesie
Desiato, La notte dell'angelo
Sontag, Il benefattore
Busi, La delfina bizantina
Leavitt, Eguali amori
Malerba, Le maschere
Leavitt, Mentre l'Inghilterra dorme
Fitzgerald, I racconti di Basil e Josephine
Montefoschi, Ginevra
Hesse, Il gioco della vita
Bettiza, La campagna elettorale
Montefoschi, Il Museo Africano
Malerba, Le rose imperiali
Grossman, Ci sono bambini a zigzag
La Capria, La neve del Vesuvio
Hesse, Il gioco della vita vol. I
Hesse, Il gioco della vita vol. II
D'Eramo, Partiranno
Kerouac, Satori a Parigi
Siciliano, La principessa e l'antiquario
Leavitt, Arkansas
Bonaviri, L'infinito lunare
Malerba, Itaca per sempre
Tomizza, Il male viene dal Nord
Montefoschi, L'amore borghese
Tobino, Sulla spiaggia e di là dal molo

Yehoshua, Il poeta continua a tacere

Gibran, Il figlio dei cedri

Leavitt, La nuova generazione perduta

Kerouac, La leggenda di Duluoz

Tanizaki, Gli insetti preferiscono le ortiche

Patroni Griffi, Tutto il teatro

Hesse, I grandi romanzi di Hermann Hesse

García, Le sorelle Agüero

Rushdie, Est, Ovest

Styron, Un'oscurità trasparente

Pontiggia, Vite di uomini non illustri

Grossman, Il libro della grammatica interiore

44791
2000